阪急電鉄
宝塚線、箕面線、京都線、千里線、嵐山線、能勢電鉄

1950〜1980年代の記録

昭和59年(1984)

千里線の南千里駅に並んで停車する2300系と大阪市交通局60系。2300系は昭和50年代に2800系・1300系に続いて冷房改造された車両で、昭和30年代に登場してから平成27年まで活躍した。
撮影:野口昭雄

CONTENTS

まえがき …………………………………………… 4
カラー写真で見る阪急電鉄 ………………………… 5

第1部 宝塚線、箕面線、能勢電鉄

梅田、中津	18
十三	24
三国、庄内、服部天神	28
曽根、岡町	30
豊中、蛍池	32
石橋、池田	34
川西能勢口	36
雲雀丘花屋敷、山本	38
中山観音、売布神社、清荒神	40
宝塚	42
桜井、牧落	44
箕面	46
能勢電鉄妙見線、日生線	48

第2部 京都線、千里線、嵐山線

南方、崇禅寺、淡路	54
上新庄、相川	57
正雀、摂津市、南茨木	58
茨木市、総持寺	62
富田、高槻市	66
上牧、水無瀬	68
大山崎、西山天王山、長岡天神	70
西向日、東向日、洛西口	72
桂	74
西京極、西院	76
大宮、烏丸	78
河原町	80
天神橋筋六丁目	82
柴島、下新庄	84
吹田、豊津、関大前	86
千里山、南千里	88
山田、北千里	90
上桂、松尾大社	92
嵐山	94

京都線の桂駅南側を走る特急2800系。当時の京都線の特急は京都側は大宮駅を発車すると、次は大阪の十三駅まで無停車であった。また、方向幕を装備して登場した6300系が登場するまでは特急看板を2枚掲示するのが特徴であった。

撮影：高橋 弘

まえがき

　「はん・きゅう(阪急)」、その響きには関西の人は何かしら憧れのようなものを感じる。観光や参詣、買い物や会合、そして日々の通勤や通学を含めて、阪急電車に乗るときには梅田や宝塚、河原町(京都)といった街を目指し、その目的地には魅力的な風景が広がっているように思えるからであろう。

　明治43(1910)年3月、前身の箕面有馬電気軌道が最初の路線を開いたとき、当時の梅田駅はたった1線1面のホームしかない小さな駅だった。そこから、現在のような10面9線のような巨大ターミナル駅に発展するとは、誰が想像しただろうか。

　本書では、その梅田駅の1～6号線ホームから発着する宝塚(本)線、京都(本)線とともに、途中から分かれる箕面線、千里線、嵐山線に能勢電鉄を加えた、なつかしい車両と駅、沿線の風景を紹介する。阪急のルーツとなった宝塚線、新京阪線からグループに加わった京都線と、新旧の差はあるものの、いずれも阪急らしい品格を備えた路線である。随所にあのとき見た風景、目にしたかった車両の姿が含まれているはずである。お手に取っていただき、皆さまとともに歩んできた、歴史と文化にあふれた阪急電車の姿をご確認下さることを願っている。

2016年夏　生田 誠

ドーム状の大屋根の下に7面8線のホームが並んでいた昭和戦前期の梅田駅である。屋根から吊り下げられた、行き先表示板が立派で、奥には東海道本線の高架の橋脚がのぞく。

カラー写真で見る阪急電鉄

昭和53年(1978)

梅田駅に向かう急行。2800系は元京都線の特急車。6300系登場で3扉化改造が行われ、転換クロスシートを装備していた車両であったが、全車ロングシートに改造されている。登場したのは2300系より後であったが、大きな改造が2回されていたためか先に廃車されてしまった。
撮影：野口昭雄

昭和50年(1975)

十三を発車した梅田行き普通。京都線の普通は誤乗防止のために方向板を色分けしていた。千里線は緑の三角、京都線はオレンジ色の四角形が配置されていた。
撮影：岩堀春夫

昭和48年(1973)

京都線十三駅に停車する大阪梅田行きの特急2800系。2800系が登場した当時はまだ車両に冷房装置が取り付けられる前で、2800系も2扉の特急車として登場したが、後に冷房改造され京都線の特急車として活躍した。
撮影：岩堀春夫

昭和64年(1989)

十三駅に停車中の「初詣臨時特急」。8000系は阪急最初のVVVF車で、昭和64年元日にデビューした。
撮影：岩堀春夫

平成
8年
(1996)

平成7～15年まで宝塚線を走った特急電車。現在、同線を走る特急は日生エクスプレスのみである。庄内～三国間の神崎川橋梁にて。

撮影：岩堀春夫

平成
2年
(1990)

石橋駅に到着する急行。高架区間から勾配を駆け下りる。雲雀丘花屋敷発の急行は珍しい。

撮影：岩堀春夫

平成
2年
(1990)

池田駅で折り返す普通もあった。オレンジ色三角の識別マークがあるのは、かつて池田車庫があった頃の名残か。

撮影：岩堀春夫

カラー写真で見る阪急電鉄

平成3年(1991)
撮影：岩堀春夫

宝塚線の3100系急行。この形式は近年、伊丹線での運用が無くなった。冷房化で方向幕改造を受けている。宝塚駅を発車して福知山線の上を越えた先のカーブを走る。

昭和50年(1975)
撮影：岩堀春夫

宝塚駅で折り返す3100系の急行。宝塚には歌劇と遊園地があり、宇宙大怪獣というイベントのマークを付けて宣伝していた。左側に今津線ホームがあり、右側の国道76号線を渡った先に福知山線の宝塚駅がある。

平成元年(1989)
撮影：岩堀春夫

宝塚線の急行が宝塚駅から清荒神駅に近づく。急行といっても川西能勢口駅までは各駅停車である。

箕面線を走る冷房改造を受けた1100系。当線は開業時から現在まで、滝と紅葉が彩る渓谷への行楽地を目指す路線として親しまれている。

昭和62年(1987)
撮影：岩堀春夫

昭和31年(1956)

宝塚線で使用されていた頃の300形。阪急では木造車両から半鋼製の車両への移行は早い時点で行われ、全鋼製の電車を日本で最初に登場させた鉄道であった。300形は半鋼製となり、屋根はシングルルーフのシンプルな車体が特徴となっている。
撮影：J.WALLY HIGGINS

昭和31年(1956)

能勢電鉄の畦野駅に停車する50形50号。戦後にそれまでの木造電車などから引き継いだ電気部品パーツを使って製造された50形は、60形を含めて5両が登場している。能勢電オリジナルのクリーム色とブルーの塗装で登場した。
撮影：J.WALLY HIGGINS

昭和39年(1964)

能勢電鉄の終点、妙見手前にあった離合施設に入線するデロ10形。能勢電は昭和40年代に入ると沿線の住宅地開発が進み、路線の改良工事も同時に行われた。川西能勢口〜山下間は全線複線化が行われて、現在は4両編成の電車が走っている。
撮影：J.WALLY HIGGINS

昭和39年(1964)

能勢電鉄の笹部付近を走るデロ10形。能勢電は昭和30年代に入るまでは単行の電車で運行されていたが、デロが入線したことにより2両運転が開始された。笹部付近は近年住宅地開発が進み、乗降客数も増えている地域である。
撮影：J.WALLY HIGGINS

昭和39年(1964)

妙見を出発した11+12の2連の列車。能勢電鉄と阪急電鉄とはいわば兄弟のような間柄で、その縁は大正11年に資本参加したことに始まる。

京都線の崇禅寺駅に停車する千里線の700系。千里線の電車は梅田発の電車と、大阪市営地下鉄堺筋線開通後の動物園前から来る電車の2系統が運行されていた。写真の700系は窓が枠アルミサッシ化された車両である。
撮影:高橋 弘

京都線の相川付近を走る2800系。6300系登場後、2800系は普通列車に使用するために3扉化改造が施されたが、改造の方法がすっきりしており最初から3扉車で登場したと思わせるようなすっきりしたスタイルだったのが特徴であった。
撮影:野口昭雄

正雀駅で車庫の転線のために停車している1300系。昭和30年代に710系に続いて特急車として活躍した車両で、最初に登場した車両は2扉車で登場している。後の増備車は3扉で登場した車両もあった。
撮影:高橋 弘

救援車として登場した4050系が京都線南茨木付近を走る。阪急の救援車、貨物電車など事業車両は黒色に塗装されているのが特徴であった。各車庫にあった旧型の貨物電車などからの改造救援車両から、昭和50年代半ばには4050系に統一された。
撮影:高橋 弘

京都線南茨木付近を走る京都線のクイーン6300系特急車。現在、南茨木駅は大阪モノレールの乗り換え駅として利用されているが、この当時はまだ田畑が残る中を走る区間であった。その後、6300系は特急運用を9300系に引き渡し、現在は主に嵐山線で活躍している。

撮影：野口昭雄

上牧から高槻市に向かって快走する光景。2800系に続いて京都線用特急車として昭和50年に登場した6300系は、登場時から冷房装置が設置されていた。阪急の車両はマルーン1色というのが「定説」であったが、6300系は屋根回りをクリーム色にして登場したのが斬新であった。

撮影：野口昭雄

水無瀬駅を発車した1300系の3扉非冷房時代。1300系は神戸線で登場した1000系の量産バージョンとして神戸線では1010系が、宝塚線では1100系と同時期に京都線用1300系として登場している。屋根回りは屋根の肩に通風口ある独特なスタイルとなっていた。

撮影：J.WALLY HIGGINS

崇禅寺〜南方間を走る2300系。この車両は画期的な高性能車として同時期にデビューした2000系とともに、記念すべきローレル賞第1号を受賞する栄に浴した。

撮影：岩堀春夫

カラー写真で見る阪急電鉄

昭和53年(1978)

京都線西向日付近を走る5300系急行列車。この付近は昔は竹林が多い所であったが、昭和末期から平成にかけて住宅開発が進み、多くの竹林は住宅地に変貌した。

撮影：高橋 弘

昭和48年(1973)

広大な嵐山駅のホームに停車している光景。春の桜、秋の紅葉と、当駅は京都らしい風情に溢れる阪急の名物駅で、ホームからは四季折々に顔を変える愛宕山を見ることが出来る。

撮影：岩堀春夫

昭和41年(1966)

水無瀬駅に向かう710系天神橋行き普通。地下鉄堺筋線が開業するまで京都線の普通電車は天神橋が大坂側の起点として利用されていた。しかし、特急などはこの時点で既に梅田乗り入れが行われており、普通電車のみが天神橋に行っていた。

撮影：J.WALLY HIGGINS

天神橋駅に到着するデロ10形。千里線がまだ千里山線と呼ばれた頃に登場したデロ10形は既に半鋼製車などの金属製の車両が登場した後ではあったが、小型車両でも十分な支線に投入されたため、木造ダブルルーフの小型車で登場している。

当時の京都線の終点であった天神橋を発車する1600系。新京阪鉄道(現・阪急京都線)は開通当初、大阪側の起点駅は天神橋駅であった関係で、特急なども戦後まで京都(大宮)〜大阪(天神橋)間で運行されていた。

千里山(現・千里線)線内を走る210形。旧型の貨物電車の電気部品を使って車体を新造した車両。評判がよければ宝塚線の610系のように量産化されたであろうが、210形は3両1編成のみで製造が終了してしまった。

淡路駅を発車する高槻市行きの大阪市交通局60系。大阪市交通局の車両は堺筋線のほかは千里線と京都線の高槻市までの乗り入れ運転であった。60系の後継車となった66系も運用面では同じ方式で、十三・梅田方面には運行されていない。

京都線淡路駅に到着する大阪市交通局60系。淡路駅は1駅から上り・下りとも2方向に分岐する駅で、60系は淡路駅を中心に天神橋筋六丁目方面と千里線の北千里駅間と京都線の高槻市駅までの区間を走る電車であった。

カラー写真で見る阪急電鉄

南千里駅付近の光景。千里丘陵地の住宅地開発は昭和30年代からはじまり、昭和40年代には多くのマンション・公営住宅が立ち並んだ。今では住宅開発初期に建てられた建物も減ってきてはいるが、住宅地としては現在も大阪のニュータウンとして人気があるところである。

千里線の山田～南千里間を走るデイ100形の制御車1500系1514。デイ100形は京都線開業とともに登場した創業時の車両として活躍した車両で、全鋼製と半鋼製の車両があった。1514号は半鋼製の車両で、リベットの数が少ないのがわかる。

千里線を走る万博輸送で活躍した宝塚線の1100系。万博客輸送時は京都線以外にも宝塚線や神戸線からも応援の電車が投入され、京都線・千里線で万博輸送に従事していた。写真の1100系は梅田と北千里を結ぶ準急としてダブル看板で活躍した。

今はなき万国博西口駅のホーム風景。万博開催期間中、阪急電鉄では各線の車両を動員して直通列車や臨時列車などを運行した。千里ニュータウンの開発が始まるまでは、この周辺は、たけのこ作りなどで盛んだった、のどかな農村であった。

昭和45年(1970)

千里線と万博開催時に臨時線として万博輸送に活躍した御堂筋線の延伸路線であった北大阪急行の会場線を走る北大阪急行の2000系。千里線は大阪市交通局60系が走っているため、どちらも銀色をしている。

撮影：高橋 弘

昭和51年(1976)

千里線の終点、北千里付近を走る60系。大阪市交通局堺筋線が開業するときに登場した車両でアルミ車体で新造された。また、登場時は「赤いほっぺの電車」と呼ばれたように、前面の下側の赤い塗装が特徴であった。

撮影：野口昭雄

昭和45年(1970)

千里線北千里駅に停車する大阪万博輸送に従事する大阪市交通局60系。万博輸送時は準急運用にも従事した60系で、前面には特別の看板が装備され、運行が行われた。万博輸送の終了後には前面にあった看板掛けは撤去されてしまった。

撮影：J.WALLY HIGGINS

カラー写真で見る阪急電鉄

昭和47年(1972)

千里線の北千里付近を走るデイ100形。昭和40年代に入ると阪急沿線の住宅地開発がすすみ、車両の編成両数も増える傾向にあった。登場時は1両または2両連結で運転されたいたデイ100形も、最大7両編成の長編成で運行されるようになった。

撮影：野口昭雄

北千里付近を走る1300系。710系に登場した2扉特急車であったが、末期の増備車はラッシュ対策として3扉ロングシート車両で登場している。また、昭和50年代に入ると冷房化改造され、末期には嵐山線で4両編成で活躍した。

昭和51年(1976)

撮影：野口昭雄

昭和16（1941）年当時の時刻表

昭和31（1956）年当時の時刻表

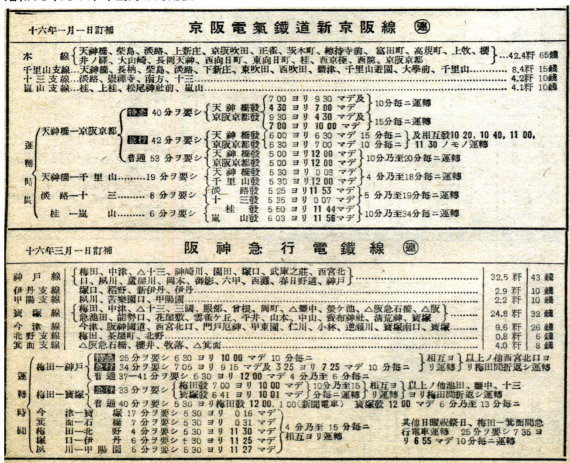

上半分は京阪電鉄の「新京阪線」時代の時刻表。天神橋（現・天神橋筋六丁目）〜淡路間は大正14年に開業している。当時は千里山線（現・千里線）編入前であり、天神橋〜京阪京都間に直通の特急（10〜15分毎の運転で所要40分）も走っていた。下半分は同時期の「阪神急行電鉄」の時刻表。梅田〜神戸間の特急は10分毎の運転で所要25分、梅田〜宝塚間の急行は10〜15分毎の運転で所要33分であった。

京阪神急行電鉄時代の時刻表。既に昭和24年、「新京阪線」は京都本線に改称されている。天神橋発京都行き、梅田発宝塚行き、梅田発阪急神戸行きをはじめ、桂発嵐山行き、伊丹発阪急塚口行き、今津発阪急宝塚行き、箕面発石橋行きなど、初電の発車時刻が5時00分の路線が多かった。現在でも初電時刻に大きな変化は見られない。梅田〜十三間の距離は2.7キロとなっており、梅田駅移転後の現在よりも0.3キロ長い。

第1部

宝塚線
箕面線
能勢電鉄

昔も今も多くの人々が行き交う、キタの中心地、梅田の駅前。この頃はまだ、ビルの姿は少なく、大阪市電が悠々と走っていた。

昭和28年(1953)

撮影:山本雅生

うめだ、なかつ

梅田、中津

| 梅田：開業年 ▶ 明治43（1910）年3月10日 | 所在地 ▶ 大阪市北区芝田1-1-2 | ホーム ▶ 10面9線（高架駅） | 乗降人数 ▶ 540,568人 | キロ程 ▶ 0.0km（梅田起点） |
| 中津：開業年 ▶ 大正14（1925）年11月4日 | 所在地 ▶ 大阪市北区中津3-1-30 | ホーム ▶ 2面4線（高架駅） | 乗降人数 ▶ 10,924人 | キロ程 ▶ 0.9km（梅田起点） |

梅田駅は10面9線ホームをもつ関西最大級の私鉄ターミナル駅
神戸線、宝塚線、京都線の列車が発着。地下鉄の御堂筋線にも中津駅あり

　阪急の梅田駅は現在、神戸線、宝塚線、京都線の列車が発着する、頭端式10面9線のホームを有する関西の私鉄ターミナルの中で最大級の駅である。しかし、スタート時の明治43（1910）年3月には、わずか1線1面の小さな駅だった。

　このとき、箕面有馬電気軌道は梅田〜宝塚間、石橋〜箕面間で開業。その起終点駅が東海道本線の南側、大阪駅の東側に置かれたのである。梅田駅は大正3（1914）年に2面2線の構造となり、神戸線の開通に伴い、大正9年には3面3線のホームに変わった。また、駅ビルとして5階建て、白木屋をテナントとする日本初のターミナルデパートが誕生した。大正14年にはホームは高架線上に移り、5面4線の構造となった。

　昭和4（1929）年4月、地上8階、地下2階建ての梅田阪急ビルが誕生する。ここには、阪急百貨店が入った。また、国鉄大阪駅の高架化で阪急の梅田駅は地上駅に戻り、7面8線のホームとなった。戦後、京都線の乗り入れ、宝塚線の複々線化などのため、ホームの増設が行われた。昭和40年代には、移転に伴う高架化工事が実施され、昭和48年に現在の形となっている。

　この梅田駅では、JR各線の大阪駅とともに阪神本線の梅田駅、地下鉄御堂筋線の梅田駅、谷町線の東梅田駅、四つ橋線の西梅田駅、JR東西線の北新地駅と連絡している。

　梅田〜十三間に位置する中津駅は、神戸線と宝塚線の普通列車は停車するが、京都線のホームは存在せず、同線の列車はすべてが通過する形になっている。駅の誕生は宝塚線の開通時ではなく、梅田〜十三間の高架工事が行われた、大正14年の11月である。これ以前に、阪神電鉄北大阪線の中津駅が置かれていたが、昭和50年5月に廃止されている。一方、昭和39年9月、市営地下鉄御堂筋線の延伸で、中津駅が誕生したが、約300メートルの距離があり、乗り換えには適さない。中津駅の構造は、島式ホーム2面4線を有する高架駅である。

現在の梅田駅を北側から見た風景。京都線・宝塚線・神戸線の3路線が各々3線の櫛形ホームに降り分けられるように規則正しく建設されている。京都線の1号線から神戸線の9号線までの大ターミナルとなっている。

平成3年（1991）

撮影：岩堀春夫

宝塚線 ▼ 梅田・中津

右：梅田駅を発車して河原町に向かう京都線の特急専用車6300系。この区間は戦後の京都線増設時でも宝塚線・神戸線と同じ高さで建設されていた。また、現在の梅田駅が開業するまではこの付近で高架から地上に徐々に降下していた。右奥では阪急電鉄の本社ビルを建設中。

左下：梅田駅に停車している千里線直通の700系。梅田駅は昭和40年代にそれまであった位置より北側に建設され、私鉄最大の櫛形ホームをもったターミナル駅となった。この駅の特徴は、すべてのホームの乗降が分離されていることである。

右下：梅田駅1号線ホームに停車する京都線特急車6300系。京都線の特急はほぼ1号線から発車するようになっているのが特徴である。

平成3年(1991)
撮影：岩堀春夫

昭和46年(1971)
撮影：岩堀春夫

平成3年(1991)
撮影：岩堀春夫

昭和4年 (1929)
梅田、中津周辺

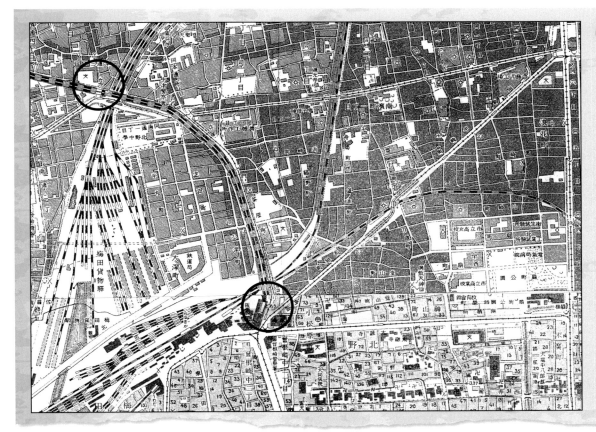

　国鉄の梅田駅とともに、阪急の梅田駅、阪神の梅田駅が存在し、東海道本線と城東（現・大坂環状）線の線路が見える。この当時は、阪神線の梅田駅も地上にあった。阪急線には、中津駅も存在している。大阪駅の北側には、梅田貨物駅のヤードが広がり、現在とは大きく様相が異なっていた。また、（大深町の大阪）鉄道局の跡地は、ヨドバシ梅田に代わっている。一方、阪急の梅田駅には、阪急ビルがあり、このビル（駅）前は、大阪市電の乗り換え地点となっていた。曽根崎警察署の向かい側には、市電の梅田車庫があったが、大正12年に廃止された（跡地）。現在は、大阪富国生命ビルになっている。

昭和28年(1953)

中津駅に到着する51形3連。木造車であった51形は関西私鉄では各社にあった正面5枚窓の卵型をしているのが特徴の車両であった。この写真の時点ですでに中間車を入れた3連で運用されるようになっていることが分かる。

撮影：野口昭雄

昭和48年(1973)

京都線を走る元新京阪のP-6型と呼ばれたデイ100形。中津付近は京都線のみ戦後に増設されたために中津駅は設置されなかった。これは、十三〜梅田間の京都線が「急行線」として増設されたためと言われている。

撮影：岩堀春夫

昭和25年(1950)

十三〜梅田間の急行線（現在の京都線）が完成する前の宝塚線を走る、京都線からの乗り入れ電車デイ100形。この時点では宝塚線・神戸線の昇圧前で、1500Vのデイ100形が600V区間の宝塚線を走っている。

撮影：高田隆雄

昭和48年(1973)

淀川を渡る京都線の特急車として活躍した2800系。京都線のみ戦後の増設で橋梁の高さが高く建設されていることが分かる。また、宝塚線・神戸線がトラス橋で建設されているが、京都線はガーター橋で建設されている。

撮影：岩堀春夫

昭和23年(1957)

宝塚線 ▶ 梅田・中津

提供：朝日新聞社

中津付近から大阪駅方向を望む。写真右下は国鉄梅田貨物線を越える鉄橋。複々線の線路は阪急宝塚線（左側）と神戸線。すぐ左に阪急京都線用の線増工事が進んでいる。複々線右側の地上へ降りる線路は阪神電鉄の北大阪線。右側の建物は済生会中津病院である。

昭和32年(1957)

宝塚線を走る1100系。中津付近の高架は京都線のみ後に建設されたため、宝塚線・神戸線から比べると高い所を走っているのが分かる。

撮影：岩堀春夫

平成2年 (1990)

十三駅と中津駅間の最大の見せ場である淀川を渡る京都線の電車。京都線のみ戦後の増設のために一段高い所を走っているのがわかる。また宝塚線・神戸線は中間あたりの鉄橋がトラス橋であったが、京都線はすべてガーター橋になっている。
撮影：岩堀春夫

宝塚線 ▼梅田・中津

じゅうそう
十三

十三：開業年▶明治43（1910）年3月10日　　所在地▶大阪市淀川区十三東2−12−1　　ホーム▶4面6線（地上駅）　　乗降人数▶73,898人　　キロ程▶0.0km（十三起点）

十三駅を中津側から見た風景。阪急電車のターミナル駅として神戸線・宝塚線・京都線3線の分岐駅をして機能している十三駅は、駅の南側はほぼ同じ位置にホームがあるために電車が並ぶこともあるが、各線の北側は扇状になっており、3線の電車が並ぶことはない。
撮影：岩堀春夫

明治43年、箕面有馬電気軌道に十三駅。以後、ターミナル駅として発展 神戸線、宝塚線、京都線の全列車が停車。京都線の起点となっている

　現在の十三駅は神戸線、宝塚線、京都線の全列車が停車する阪急の主要駅である。4面6線のホームをもつ地上駅で、真ん中の2面は島式ホームとなっている。1・2号線は神戸線、3・4号線は宝塚線、5・6号線は京都線が使用し、神戸線の上りと宝塚線の下り、宝塚線の上り（梅田方面）と京都線の上り（京都方面）が対面するホームでの乗り換えが可能である。

　十三駅の開業は、箕面有馬電気軌道時代の明治43（1910）年3月である。大正9（1920）年7月、神戸線の十三〜初代神戸＝上筒井（後に廃止）間が開業して分岐点となった。大正10年4月、北大阪電気鉄道（後に新京阪鉄道が買収）の十三〜豊津間が開業

し、この部分は後に京都線と千里線に変わった。大正15年7月には梅田〜十三間が高架・複々線化されている。現在は京都線の起点駅となっている。

　この十三駅付近は、大阪でも庶民的な場所として知られ、何かと話題となることも多い。駅の東側には、淀川区役所が存在する。また、駅の南西、淀川に近い場所には、大阪府立北野高校がある。明治6年に設立された欧学校に起源をもつ名門校で、昭和6年に現在地に移転してきた。作家の梶井基次郎、漫画家の手塚治虫らの母校として知られている。

宝塚線 ▼十三

昭和34年(1959) 撮影：中西進一郎

宝塚線のホームに停車する1200系。旧型電車の電気部品を使って、車体は当時最新鋭であった1010系、1100系の2扉車と同じ車体を使って新造された電車で、電気部品は旧型電車の「お下がり」が使用されていた。

昭和45年(1970) 撮影：山本雅夫

宝塚線ホームに停車する610系15m級電車。それまで活躍した木造電車などの置き換えのため、旧型電車から電気部品を再利用して製造された。車体幅は拡幅後の大きさでありながら、車体の長さは15m級の電車であった。

昭和34年(1959) 撮影：中西進一郎

京都線と宝塚線ホームが分離された後の京都線ホームに到着する京都線のデイ100形。昭和34年に十三駅と梅田駅の現在の京都線の高架線が完成しており、写真の時点では既に駅ホームが分離された後の姿となっている。

昭和34年(1959) 撮影：中西進一郎

京都線のホームに到着するデイ100形。この時点ですでに十三〜梅田間の新線が開業した後であった。しかし、京都線の新線としての開業ではなく急行線として開業した関係で、十三駅の京都側には宝塚線からの乗り入れ線路が設置されていた。

昭和34年(1959) 撮影：中西進一郎

宝塚線ホームに停車する当時の最新鋭電車1100系。京都線のホームはこの時点で改良工事が行われていた関係で新線開業時の雑多な感じがあったが、宝塚線ホームと新設線開業前と同じ情景を持ったホーム姿であった。

昭和25年(1950) 撮影：亀井一男

神戸線ホームに停車する700系。後に800系と呼ばれるこの車両は、京都〜神戸間を結ぶ車両として登場した車両で、京都線と宝塚線・神戸線の電圧の違いを克服した「複電圧車両」であった。

昭和34年(1959) 撮影：中西進一郎

京都線ホームに到着する京都線の700系3連。戦後製造された「戦後規格型電車」の一族で、宝塚線では550形と同じように阪急電車としては珍しい2段窓の車両となっていた。

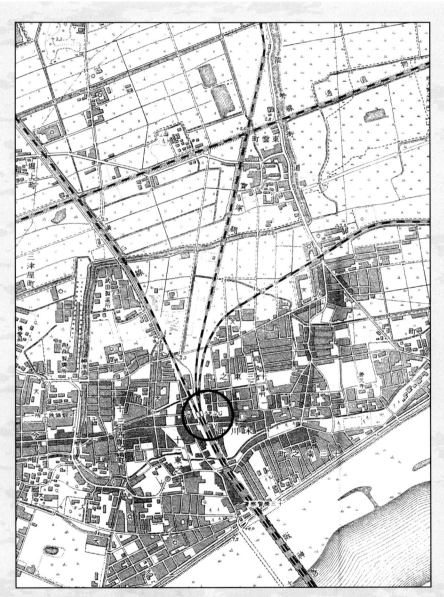

昭和4年(1929) 十三周辺

　十三駅からは、阪急の神戸線、宝塚線、京都線が3方向に延びている。なお、この当時は、現在の京都線は、新京阪鉄道の本線だった。地図の上(北)側には、東海道本線のバイパスである(北方)貨物線が見え、吹田駅と神崎(現・尼崎)駅を結んでいた。下(南)側には、淀川の流れがあり、阪急線の橋梁の西側には、十三大橋が見える。現在はその下流に、新十三大橋が架けられている。現在の十三大橋は、昭和7年に誕生している。そのたもとには、十三橋(現・淀川)警察署が置かれていた。地図上には多くの工場が存在し、神戸線の沿線に武田製薬所、芦森製鋼所などがある。

撮影:岩堀春夫

京都線に到着する千里線の700系普通電車。この当時はすでに京都線は宝塚線と分離されていたが、昔の名残で十三駅止まりの列車があった。そのため駅のもっとも東側に突き当りのホームが残されていた。

撮影:亀井一男

形式改番前の800系は700形を名乗っていた。800系は京都線と宝塚線・神戸線の電圧の違った区間を走るために「複電圧仕様」となって戦後新造された車両であった。のちに複電圧は710系にとって代わられ、800系としての直通運転は短期間で終了している。

撮影:岩堀春夫

宝塚線のホームから京都線のホームを見た光景。まだ新京阪からの引き継ぎ車であったP-6型デイ100が活躍していた頃であった。ホームの屋根は現在と変わらず低い屋根であるが、ホームの駅名表の行灯は阪急独特の旧字体の物が使用されている。

撮影:岩堀春夫

京都線の梅田行きホームに到着する千里線の普通列車のデイ100形。十三駅は京都線のみ突き当りのホームが一番東側にあったが、ホーム自体は短かったためにこの辺りではその突き当りホームがすでにない付近であった。

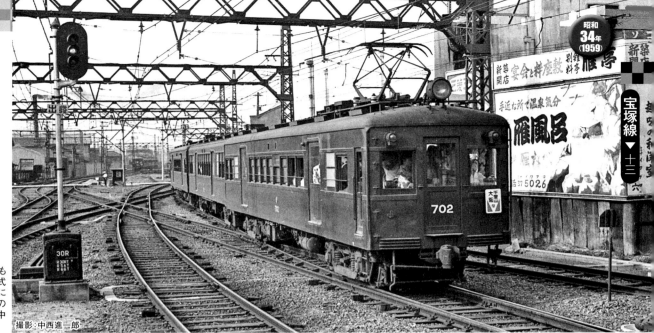

十三駅に到着する700系。神戸線にも戦後に700系が登場しているが、形式が被るために神戸線の700系はのちに800系に改形式されている。京都線の700系は廃車時まで700系のままで、中間車は750系を名乗っていた。
撮影：中西進一郎

昭和34年(1959) 宝塚線▼十三

昭和34年(1959)

十三駅を発車した宝塚線の500形。すでにこの時点で車両限界の拡幅語で、細身の車体であった500形にも乗客扉には大きなステップが取り付けられているのがわかる。能勢電に入線後は一旦外されたが、再度取り付けられた。
撮影：中西進一郎

昭和48年(1973)

十三駅に到着する河原町行き特急車2800系。十三〜中津付近の京都線は戦後になって増設された区間で、宝塚線・神戸線よりも高い所を走っていた。そのため、京都方面の電車は他の線より下り勾配がきつい状態で十三駅に入線してきた。

撮影：岩堀春夫

みくに、しょうない、はっとりてんじん

三国、庄内、服部天神

三国：開業年▶明治43（1910）年3月10日　所在地▶大阪市淀川区新高3－6－33　ホーム▶1面2線（高架駅）　乗降人数▶26,653人　キロ程▶4.4km（梅田起点）
庄内：開業年▶昭和26（1951）年5月15日　所在地▶大阪府豊中市庄内東町1－10－1　ホーム▶2面4線（地上駅）　乗降人数▶32,077人　キロ程▶6.0km（梅田起点）
服部天神：開業年▶明治43（1910）年3月10日　所在地▶大阪府豊中市服部元町1－1－1　ホーム▶2面2線（地上駅）　乗降人数▶26,136人　キロ程▶7.5km（梅田起点）

神崎川を挟んで、大阪市淀川区に三国駅、豊中市に庄内駅が存在
服部天神駅ホームには開業以来、服部天神宮の御神木がそびえる

　三国駅の開業は明治43（1910）年3月で、箕面有馬電気軌道の宝塚線の駅として開業した。
　現在の駅は島式ホーム1面2線をもつ高架駅で、平成10（1998）年から平成12年にかけて上下線が高架化され、それとともに少し西側へと移動して新駅舎に変わった。平成15年には駅ビル「Viewl阪急三国」が誕生している。
　三国駅の北側を流れる神崎川を渡れば、豊中市に入り、次の庄内駅に到着する。この庄内駅は戦後の昭和26（1951）年5月、地元の請願により誕生している。駅の構造は島式2面4線のホームをもつ地上駅である。駅の北西には、大阪音楽大学のキャンパスが存在する。前身の大阪音楽学校時代の昭和29年に豊中市に移転し、現在は2か所のキャンパスがあり、音楽博物館も開館している。
　服部天神駅は明治43年3月に開業した古い歴史をもつ。服部天神宮の境内に開設され、「服部天神」の駅名が採用された。その御神木が今も梅田方面のホームの屋根を突き抜けて存在している。その後、間もなく駅名が「服部」と改称されたものの、平成25年に開業当時の「服部天神」に戻された。駅の構造は相対式2面2線のホームを有する地上駅で、以前は構内踏切でホーム間を利用することができた。

昭和49年（1974）

阪急電車のターミナル駅の十三駅と宝塚線の三国間を走る810系。この区間は国鉄の北方貨物線を越すために高架区間となっているが、それ以上の高さに山陽新幹線の高架があるのが特徴となっている。

撮影：岩堀春夫

宝塚線 ▶ 三国・庄内・服部天神

昭和15年(1940)

奥に大きくカーブした線路が続く、地上駅時代の三国駅。ホームには瓦屋根の待合室、構内踏切がある長閑なローカル駅の風景がここにあった。

昭和53年(1978)

昭和の時代の庄内駅で、ホームには今、列車に乗り込もうとする乗客の姿がある。駅前にズラリと並んだ自転車に、この駅の利用者が多かったことが示されている。

昭和54年(1979)

「阪急電車 服部駅」の看板が掲げられている、現・服部天神の東口。奥には開業以来、駅と人の姿を見守ってきた御神木のクスノキがそびえている。

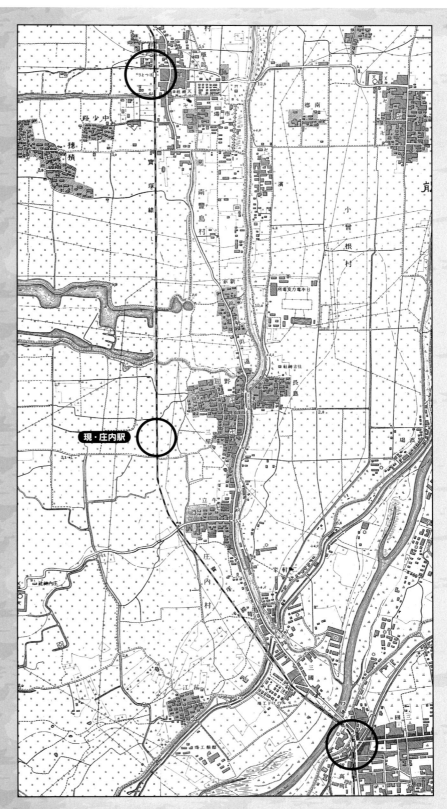

昭和4年(1929) 三国、庄内、服部天神周辺

十三駅で神戸線、京都線と分かれた宝塚線は、三国、服部駅の順に進んでゆく。この服部駅は現在、服部天神駅に駅名を改称し、三国駅との間に庄内駅が誕生している。この当時は、まだ農地が多い印象だが、三国駅付近には神崎川の水利を生かして、セルロイド工場、醋酸工場のほか、かなりの数の工場ができている。一方、北に進むと宝塚線沿線には人家はほとんどなく、東側を走る能勢街道(国道176号)沿いに集落が発達していた。豊能郡に庄内、小曽根、南豊島村があったが、現在は豊中市の一部となっている。

そね、おかまち

曽根、岡町

| 曽根：開業年▶明治45（1912）年5月30日 | 所在地▶大阪府豊中市曽根東町3-1-1 | ホーム▶2面4線（高架駅） | 乗降人数▶25,436人 | キロ程▶8.7km（梅田起点） |
| 岡町：開業年▶明治43（1910）年3月10日 | 所在地▶大阪府豊中市中桜塚1-1-1 | ホーム▶1面2線（高架駅） | 乗降人数▶18,397人 | キロ程▶9.5km（梅田起点） |

曽根駅は、宝塚線開通2年後の明治45年に開業している
岡町駅は古くから原田神社参詣の窓口、豊中市役所が東側に存在

　国道176号と国道423号（新御堂筋）に挟まれる形で広がる大阪府営服部緑地の西側に、宝塚線の曽根駅と岡町駅が置かれている。ともに服部緑地の西側の最寄り駅であり、両駅の駅間は0.8キロとかなり短い。

　曽根駅は、明治45（1912）年5月の開業で、箕面有馬電気軌道の宝塚線が開通した2年後に誕生している。現在の駅は島式2面4線のホームをもつ高架駅で、1990年代に高架化の工事が行われ、平成13（2001）年に高架下の商業施設「ティオ阪急曽根」が誕生している。

　岡町駅は、明治43年3月の開業である。この岡町駅の駅前には、4〜5世紀に創建されたと伝わる原田神社が存在している。駅周辺は、原田神社の門前町であり、能勢街道と伊丹街道の結節点として往来する人も多かった。現在は豊中市役所の最寄り駅となっており、駅の北西には豊中市立岡町図書館も置かれている。

　駅の構造は島式1面2線のホームをもつ高架駅である。お隣の曽根駅と同様、1990年代に高架化工事が行われた。改札口、コンコースは2階、ホームは3階に存在する。高架下には、商業施設「ティオ阪急岡町」が入っている。

昭和27年（1952）
提供：阪急電鉄

810系が岡町駅に停車している。高架化前の相対式ホームをもつ地上駅時代で、ホームの人影も少ない頃だった。

昭和54年（1979）
提供：阪急電鉄

地上ホームが並んで、構内踏切があった頃の曽根駅。駅周辺には、既に高層住宅が誕生し、大型スーパーが進出していた。

COLUMN　　　市町史に登場する阪急電鉄①

『豊中市史』より抜粋

　敷設予定路線は現在とかなり改変された地区もあるが駅間隔は最初から現在のようなものでなく、駅の設置も沿線の神社・仏閣・公園・温泉・梅林などを対象としたものが大半で、いわば大阪市民のための「観光遊覧電車」としての性格がつよくうかがえるのである。

　しかしともかくもこうして本市域においても、ようやく待望の鉄道工事が施行されることになったが、明治43年3月10日には梅田一宝塚間の24.9kmと箕面支線4kmが開通し、同時に服部天神・岡町の両停留場が設置された。この開通当時の状況を、大阪朝日新聞や大阪毎日新聞はつぎのように伝えている。

　　（箕面電車の賑い）

　箕面電車は開通早々の人気で10日には切符の売上1650円に達したさうだ。少し腰掛の狭いのと運転の震動でビリビリと頭へ響くのが遺憾だが線路は丘陵の間を走るので南海や阪神に比すると変化があって面白い。昨日は開通第2日で朝来の好天気、日光も春めいてホカホカと暖かいので梅田発の電車は何れも満員札を掲げざるはなき盛況、尤も此の中試乗切符のロハ連も大分見受けられた。石橋の分岐点は三角型の乗降場頗るハイカッたもので、池田は本日の開通式の準備に忙しくわざわざ山を越えて乗りに来る客多く、町内景気づいてゐる。箕面線は未だ寒いので人出が少なかったが、それでも各電車7、8分の客を乗せていた（明治43・3・11大阪朝日新聞）。ちなみに当時の車両運輸状況は、使用車両18両（定員82人）であった。

日本住宅公団（現・UR）が開発した大規模団地である旭ヶ丘団地。昭和33年から入居が始まり、4階建て、5階建ての団地部分と2階建てのテラスハウスに分かれ、独身住宅や分譲住宅も設けられた。
提供：朝日新聞社

昭和36年(1961) ▶ 宝塚線 曽根、岡町

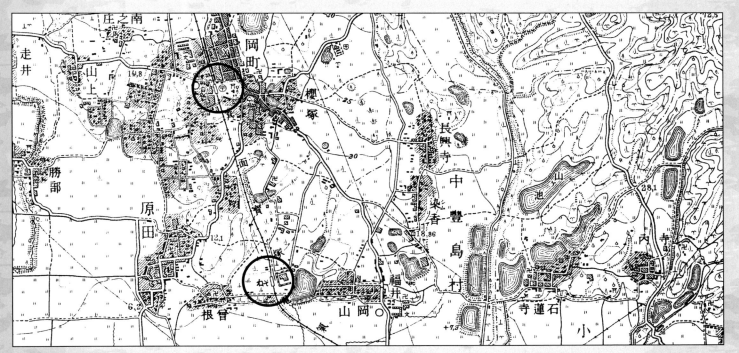

昭和4年（1929） 曽根、岡町周辺

　豊中市役所の最寄り駅となっている岡町駅と、手前の曽根駅周辺の地図であり、この付近の宝塚線はほぼ真っすぐに北西に進んでいる。この地図上では、豊中町（現・豊中市）の役場は岡町駅の西側に見えるが、現在は駅の東側、国道176号沿いに置かれている。また、付近には原田神社を示す「鳥居」の地図記号があり、駅前には郵便局が存在した。
　この原田神社は、桜塚古墳群の故地にあり、室町時代には足利将軍家から厚い信仰を受けていた。一方、南側にある曽根駅の周辺は豊能郡の中豊島村で、駅の東側に村役場が置かれていたことがわかる。

31

とよなか、ほたるがいけ
豊中、蛍池

豊中：開業年▶大正2（1913）年9月29日　所在地▶大阪府豊中市本町1-1-1　ホーム▶1面2線（高架駅）　乗降人数▶52,636人　キロ程▶10.5km（梅田起点）
蛍池：開業年▶明治43（1910）年4月25日　所在地▶大阪府豊中市蛍池東町1-5-1　ホーム▶2面2線（地上駅／橋上駅）　乗降人数▶40,178人　キロ程▶11.9km（梅田起点）

大正2年に開業した豊中駅。現在は人口40万人、豊中市の玄関口
蛍池駅は明治43年開業。平成9年に大阪モノレールとの連絡駅

　人口約40万人を誇る豊中市の玄関口が豊中駅である。開業は箕面有馬電気軌道の開業からしばらくした大正2（1913）年9月。現在の乗降人員は、宝塚線の中では梅田駅、十三駅に次ぐ第3位となっている。駅の構造は、島式ホーム1面2線のホームがある高架駅で、平成12（2000）年に高架化工事が完了している。

　この豊中市は高校野球発祥地として知られる。甲子園球場の誕生前、大正4年第1回全国中等学校優勝野球大会が豊中運動場（グラウンド）で開催された。豊中運動場はその後、住宅地などに変わったが、跡地の一角には高校野球メモリアルパークが残されている。

　次の蛍池駅は豊中市最後の駅であり、大阪高速鉄道（大阪モノレール）との連絡駅となっている。開業は、宝塚線の開通から1ヶ月遅れの明治43年4月である。駅名の由来となったのは、駅の北東にある「蛍池」で、蛍狩りの名所として知られていた。大阪モノレールの蛍池駅の開業は平成9（1997）年4月で、このときに大阪空港駅まで延伸した。阪急の蛍池駅の構造は、相対式2面2線のホームを有する地上駅。一方、大阪モノレールの蛍池駅は、島式ホーム1面2線の高架駅である。

昭和45年の大阪万博を前にして、発展途上だった豊中駅の駅前には、多くの通勤、通学客の姿がある。大阪のベッドタウンとなる中で、ここから十三、梅田方面へ通う人が多かった。
提供：朝日新聞社

宝塚線 ▶ 豊中・蛍池

昭和28年(1953) 撮影：高橋 弘

蛍池付近を走る550系。この当時はまだ周辺の住宅開発が進んでいない頃で、樹木の中を走る雰囲気があるところであった。550形は阪急が宝塚線用にナニワ工機で新造した車両であり、2段窓が特徴であった。

昭和31年(1956) 撮影：山本雅夫

高架線を走る500形の4連。先頭車から500形に中間車は300形を挟んだ3連に両運転台の320を連結された4連。小型車両ばかりを集めた4両編成は宝塚線をはじめ、今津線などでも使用されることがあった。

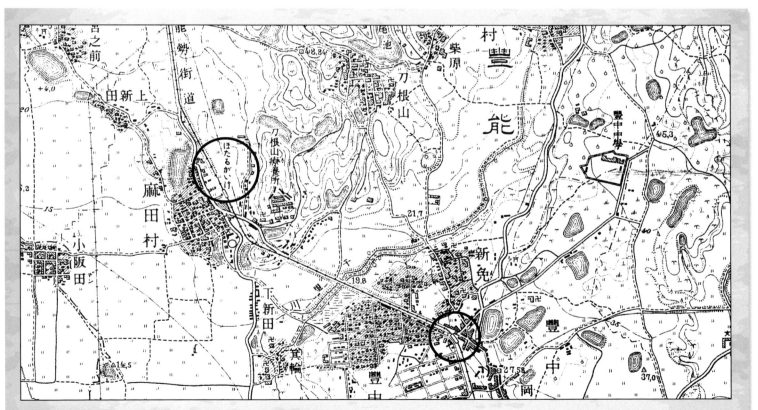

昭和4年(1929) 豊中、蛍池周辺

この付近の阪急宝塚線は、能勢街道(国道176号)に沿って北西に進む形である。現在は、大阪国際空港(伊丹空港)から大きくカーブしてきた大阪モノレール線が蛍池駅に乗り入れ、今度は中央環状線に沿って東に向かう形で延びている。大阪近郊有数のベッドタウンに発展した豊中、蛍池駅周辺だが、この当時はまだ耕作地が大きく広がっていた。地図上で目立つのは、右上(北東)側の豊中中学と、蛍池駅前の刀根山療養所である。前者は現在の大阪府立豊中高校で、後者は大正6年に大阪市立刀根山療養所として設立され、戦後に国立療養所刀根山病院に変わり、現在は国立病院機構刀根山病院となっている。

33

いしばし、いけだ

石橋、池田

石橋：開業年▶明治43（1910）年3月10日　所在地▶大阪府池田市石橋2−18−1　ホーム▶3面5線（地上駅）　乗降人数▶48,783人　キロ程▶13.5km（梅田起点）
池田：開業年▶明治43（1910）年3月10日　所在地▶大阪府池田市栄町1−1　ホーム▶1面2線（高架駅）　乗降人数▶51,728人　キロ程▶15.9km（梅田起点）

明治43年に開業した石橋駅。当時から宝塚線、箕面線の分岐駅
池田駅は阪急創業者ゆかりの地。小林一三記念館、逸翁美術館あり

　宝塚線と箕面線の分岐点となっているのが石橋駅である。南北に延びる宝塚線と、北東方面に分岐する箕面線があるため、3面5線の構造だが、西側に単式の宝塚線ホーム（1号線）、中央に両線用の片開き島式ホーム（2・3号線）、東側に単式の箕面線ホーム（4号線）があり、中央のホームには頭端式の箕面線のホーム（5号線）が存在する。石橋駅が開業したのは、明治43（1910）年3月、箕面有馬電気軌道の宝塚線、箕面線の開通時である。

　池田駅は、駅の西側の「池田室町」が明治43年、現・阪急が私鉄として最初に郊外分譲地の開発を行った場所である。創始者である小林一三が居を構えたことから、小林一三記念館、逸翁美術館が残されている。現在は人口約10万人の池田市の玄関口で、池田市役所の最寄り駅となっている。駅の構造は島式ホーム1面2線の高架駅である。昭和61（1986）年4月、駅舎の移転、高架化により現在の駅が完成した。

　池田市には、室町時代から戦国時代に摂津国（大阪府・兵庫県）を支配した摂津池田氏の居城・池田城があった。摂津池田氏は、織田信長と対立した足利義昭に味方したために没落し、家来だった荒木村重の配下となった後、江戸時代には幕府の旗本となっていた。

構内踏切を渡る人の姿が見える相対式ホームをもつ地上駅だった頃の池田駅。人口約10万の池田市の玄関口となった現在の駅ビルからは想像できない、ノスタルジックな風景である。
提供：朝日新聞社

宝塚線 ▼ 石橋・池田

昭和20年代

全鋼製の600形は川崎車両が造船の技術を使って製造した車両として本格的な全鋼車両の量産型電車であった。登場時は神戸線に投入され、木造車両にとってかわって活躍したが、宝塚線の車両限界拡幅後は同線でも活躍した。

撮影：亀井一男

メルヘンチックな時計付き風見鶏のモニュメントがある石橋駅の駅前風景。宝塚線、箕面線の2つのホームがのぞいている。

昭和52年(1977)

提供：阪急電鉄

昭和20年代

撮影：亀井一男

木造車両であった68号。51形と異なり、正面の窓は3枚窓の平面的なスタイルとなったのが特徴であった。木造車は昭和20年代から30年代前半にかけて車体は廃棄され、残った電気部品で新造車体を作ったのが610系などであった。

昭和4年（1929）

石橋、池田周辺

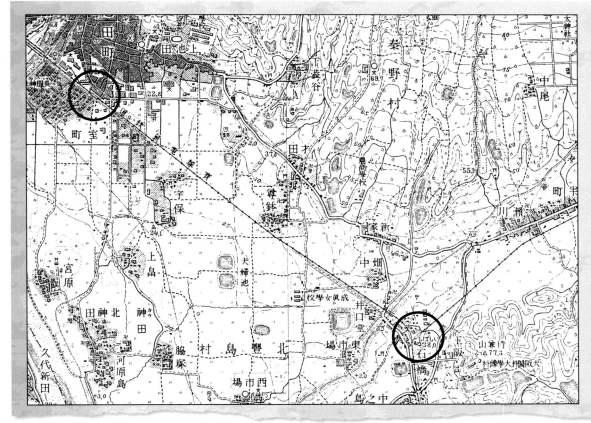

「宝塚電気軌道」と記された阪急宝塚線には、石橋、池田の2駅が置かれており、石橋駅からは箕面線が分岐している。地図上には、まだ住宅はそれほど多くはないが、大阪医科大学予科、府立農商学校（現・府立園芸高校）、池田師範学校といった学校が、この沿線に進出していることがわかる。この池田師範学校は、現在の大阪教育大学の前身である。また、大阪医科大学予科のあった場所（待兼山）は現在、大阪大学豊中キャンパスとなっている。この当時あった豊能郡北豊島村、秦野村は昭和10年に池田町と合併し、現在は池田市の一部となっている。

35

かわにしのせぐち

川西能勢口

川西能勢口：開業年▶大正2（1913）年4月8日　所在地▶兵庫県川西市栄町20-1　ホーム▶3面5線（高架駅）　乗降人数▶46,600人　キロ程▶17.2km（梅田起点）

箕面有馬電気軌道、能勢電気軌道に大正2年、能勢口駅が誕生
昭和40年に両駅が「川西能勢口」に改称、現在は共同使用の高架駅

　大正2（1913）年4月、新たに路線を開いた能勢電気軌道（現・能勢電鉄）の連絡駅として開業したのが、現在の「川西能勢口」である。開業時の駅名は「能勢口」で、能勢電鉄の駅も「能瀬口」であった。能勢電鉄の駅は一時、「川西」を名乗っていたが、昭和40（1965）年7月、両駅ともに「川西能勢口」駅と改称している。

　開業以来、阪急の駅に対して能勢電鉄の駅が垂直に存在する形で存在したが、能勢電鉄の路線延長時に、両駅が並行する形に変わった。昭和55年に連絡改札が設置されている。その後、地上駅から高架駅と変わる駅舎改築工事が行われ、平成4（1992）年12月に阪急の駅が高架駅となった。平成8年に能勢電鉄の駅が高架駅となり、両線の共同使用駅となっている。ホームは島式1面2線、櫛形2面3線を組み合わせた構造で、阪急線は1～3号線ホームを使用している。

　この川西能勢口駅は、人口約15万人の川西市の玄関口で、北西にある川西市役所の最寄り駅となっている。反対側の南東には、JR福知山線の川西池田駅が存在する。この駅は摂津鉄道時代の明治26（1893）年12月に摂津鉄道の池田駅として開業。昭和26年に現在の駅名に改称され、後に駅舎の場所も変わっている。

地上駅だった阪急の能勢口駅と、能勢電の川西駅が仲良く並んで建っている。両駅は間もなく川西能勢口駅に駅名を変更しており、わずかの期間だけ見られた風景である。
撮影：荻原二郎
昭和40年（1965）

能勢電鉄の川西能勢口駅と国鉄福知山線の川西池田駅そばの川西国鉄前駅間（通称・国鉄前線）を走っていた51号。能勢電の連結運転が本格化するまでは能勢電妙見口方面で使用されていたが、末期には61号とともに川西能勢口で朝夕のラッシュ時のみの運行に使用されていた。
撮影：山本雅夫
昭和54年（1979）

能勢電鉄川西能勢口駅に停車する平野までの路線改良工事完成記念列車。能勢電鉄では、昭和40年代前半までもと京都線で活躍していた小型のデロ系が2両連結運転で運行されていた。その後は改良工事が行われ、車両ももと宝塚線の500形などが使用されるようになった。
撮影：岩堀春夫
昭和44年（1969）

宝塚線 ▶ 川西能勢口

昭和41年(1966)

川西市の要望で現在の駅名に変わった川西能勢口駅周辺の空撮写真である。現在は駅の南側にアステ阪急（川西阪急）、北側に西友川西店が誕生し、周辺の風景は大きく変わっている。

提供：朝日新聞社

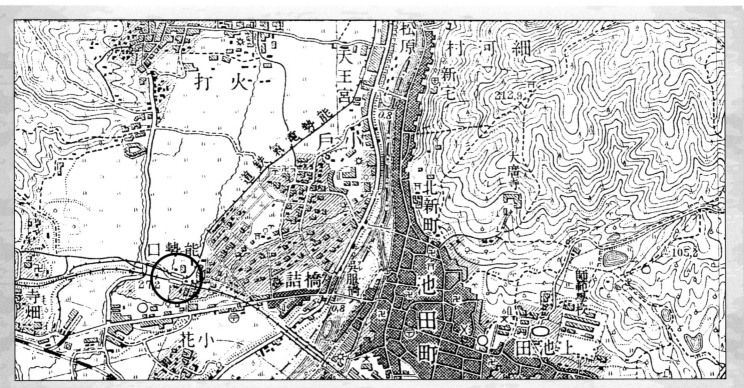

昭和4年（1929） 川西能勢口周辺

大阪府の豊能郡池田町（現・池田市）から、猪名川を渡って、兵庫県の川辺郡川西町（現・川西市）に入った阪急宝塚線。次の能勢口（現・川西能勢口）駅は、能勢電気軌道（現・能勢電鉄）との連絡駅で、地上駅時代には、能勢電鉄の川西駅と並立する形で存在した。現在は高架駅に変わり、両線の共同使用駅（川西能勢口駅）となっている。地図の中央下に見える呉服橋は、能勢街道（国道173号）から分かれて西に向かう国道176号が通っている。地図の右上（北東）に見える細河村は、昭和10年に合併されて、池田町の一部となっている。

ひばりがおかはなやしき、やまもと

雲雀丘花屋敷、山本

雲雀丘花屋敷：開業年▶昭和36（1961）年1月16日　所在地▶兵庫県宝塚市雲雀丘1-1-10　ホーム▶2面4線（地上駅）　乗降人数▶6,056人　キロ程▶18.2km（梅田起点）
山本：開業年▶明治43（1910）年3月10日　所在地▶兵庫県宝塚市平井1-1-1　ホーム▶2面2線（地上駅）　乗降人数▶18,581人　キロ程▶19.7km（梅田起点）

明治43年開業の花屋敷駅、大正5年開業の雲雀丘駅が統合された駅
雲雀丘花屋敷・山本駅付近には平井車庫あり、かつては平井駅も存在した

　明治43（1910）年3月、開通した箕面有馬電気軌道には花屋敷駅が置かれた。この駅は当時、付近に存在した花屋敷温泉の最寄り駅だった。一方、この花屋敷駅と平井（現・山本）駅の間に雲雀丘住宅地が開発され、大正5（1916）年8月に雲雀丘駅が開業している。昭和36（1961）年1月、両駅間に現在の雲雀丘花屋敷駅が開業し、雲雀丘駅は廃止され、昭和37年5月に花屋敷駅も廃止された。花屋敷駅からは一時、日本無軌道電車の路線が、新花屋敷駅まで延びていた。

　現在の雲雀丘花屋敷駅の構造は、島式ホーム2面4線を有する地上駅である。所在地は宝塚市だが、川西市にまたがって位置する。駅の南西側、JR福知山線の線路を越えた南側に阪急の平井車庫が存在する。この平井車庫は高架式で、昭和46年に池田車庫から移転している。

　次の山本駅は宝塚市平井1丁目にあり、隣の雲雀丘花屋敷駅と同様、2つの駅が統合した歴史をもつ。まず、明治43年3月に山本駅が開業。半年余り遅れた10月、当時の花屋敷～山本間に平井駅が誕生した。太平洋戦争中の昭和19（1944）年9月、平井駅を山本駅に統合して現在地に移転した。平成元年8月に、駅の改良工事が実施され、現在のような相対式ホーム2面2線をもつ地下駅舎を有する地上駅となった。

昭和3年（1928）日本で最初に営業開業した無軌道花屋敷駅から発車していた日本無軌道電車のトロリーバス。温泉地であった、新花屋敷までの区間を運行していた。しかし5年ほどの営業期間で廃止されてしまっている。

提供：朝日新聞社

宝塚線 ▼ 雲雀丘花屋敷・山本

昭和32年(1957)
花屋敷駅に到着する610形。旧型電車の電気部品を使って車体を新造した車両であったが、15m級の小型車両で製造されたために早い時点で本線系統からの運用から外れ、支線での使用が多かった車両であった。
撮影:野口昭雄

昭和29年(1954)
花屋敷付近を走る300形。320形・500形が登場するまで、木造車から全鋼製車が登場する時期に製造された3扉の半鋼製の車両で、シングルルーフが特徴の車両であった。この付近は駅間距離短く、後に雲雀丘駅と統廃合されている。
撮影:高橋弘

昭和28年(1953)
雲雀丘付近を走る500形4連。昭和初期に製造が開始された500形はそれまでに製造されていた320形を片運転台にしたスタイルで、2両一組で運用されることが多かった。宝塚線では4連で使用され、多くの乗客を運んでいた。
撮影:高橋弘

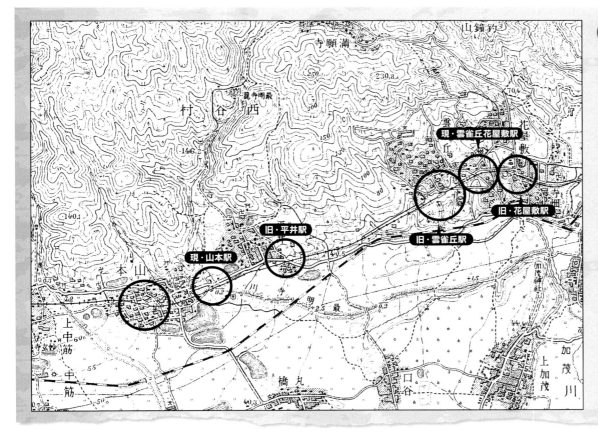

昭和4年(1929) 雲雀丘花屋敷 山本周辺

　猪名川に沿って北進してきた国鉄の福知山線と、石橋方面から北西に進んできた阪急宝塚線は、現在の川西市内で距離を縮めることになる。両線は猪名川の支流である最明寺川と、現在の国道176号に沿う形で西に進み、南側を走る福知山線には池田(現・川西池田)駅があり、阪急宝塚線にはこの当時花屋敷駅と雲雀丘駅が記されている。また、西側の山本駅手前の平井付近に平井駅があった。現在は両駅の中間付近、福知山線の南側に高架式の阪急・平井車庫が設けられている。雲雀丘花屋敷駅の北側の斜面には、新しい道路が延び、住宅地が開発されていたことがわかる。

なかやまかんのん、めふじんじゃ、きよしこうじん
中山観音、売布神社、清荒神

中山観音：開業年▶明治43（1910）年3月10日	所在地▶兵庫県宝塚市中山寺2-7-1	ホーム▶2面2線（地上駅）	乗降人数▶6,004人	キロ程▶21.5km（梅田起点）
売布神社：開業年▶大正3（1914）年3月21日	所在地▶兵庫県宝塚市売布2-14-30	ホーム▶2面2線（地上駅）	乗降人数▶4,569人	キロ程▶22.4km（梅田起点）
清荒神：開業年▶明治43（1910）年3月10日	所在地▶兵庫県宝塚市清荒神1-9-3	ホーム▶2面2線（地上駅）	乗降人数▶3,565人	キロ程▶23.3km（梅田起点）

昭和31年（1956）
撮影：竹中泰彦

宝塚線清荒神を発車する500形4連。中間車は1両が300形のようで3扉となっている。また530号は500形のなかでも後期に製造された車両で半鋼製となっているため、窓上の幕内は前期に製造された500系とは違っていた。

中山寺の最寄り駅は「中山観音」、売布神社駅は大正3年に開業
正月の初詣で大いに賑う清荒神駅は、清荒神清澄寺の最寄り駅

　ここまでの阪急宝塚線の沿線には、服部天神宮や原田神社といった古社が鎮座していたが、この先には寺社仏閣を駅名に採用した駅が続く。最初の駅は中山観音駅である。

　この中山観音駅は明治43（1910）年3月、「中山寺」として開業している。途中、「中山」となった時期をへて、平成25（2013）年12月に現在の「中山観音」の駅名に改称した。現在の駅は相対式2面2線のホームをもつ地上駅で、改札、コンコースは地下に置かれている。駅名の由来となったのは、真言宗中山派の大本山、紫雲山中山寺である。

　次の売布神社駅は、大正3（1914）年3月の開業で、現在の駅は相対式ホーム2面2線の地上駅である。この駅の由来となったのは、北東に位置する売布神社である。推古天皇18（605）年の創建と伝わる古社で、下照姫神を主祭神としている。

　清荒神駅は、正月の初詣時に大いに賑いを見せる、清荒神清澄寺の最寄り駅である。駅の開業は明治43年10月の箕面有馬電気軌道の開業時。現在の駅は相対式ホーム2面2線を有する地上駅である。清荒神はかまど（台所）の神様として信仰を集め、「荒神さん」として親しまれる場所で、富岡鉄斎の作品を集めた鉄斎美術館が存在する。

宝塚線 ▶ 中山観音・売布神社・清荒神

宝塚〜清荒神間を走る800系。この区間は宝塚駅の高架化されるまではのどかな住宅地の間を走っていたが、現在は、宝塚線の高架化で一部に変化が見られる。しかし清荒神付近は昔の雰囲気が今でも残っている区間でもある。

昭和55年(1980) 撮影：岩堀春夫

昭和54年(1979) 撮影：武田毅

中山寺の最寄り駅である中山観音駅は、中山駅だった昭和50年代後半に駅舎の改築が行われ、地下駅舎となった。これは、改築前のホーム、駅入り口の風景である。

昭和54年(1979) 撮影：武田毅

構内踏切があった時代の売布神社駅で、駅舎は宝塚側に存在している。当初のホームは短かったため、カーブする奥に向かって延長された歴史をもつ。

昭和7年 (1932)
中山観音、売布神社、清荒神周辺

　阪急の宝塚線には、中山（現・中山観音）、売布神社、清荒神駅と神社仏閣に関連する駅が並んでいる。並行して走る国鉄福知山線にも中山寺駅が存在する。地図上にはもう1本、両線の間を通る国道176号がある。地図の下（南）側には「尼宝自動車専用道」が見える。これは当初、宝塚尼崎電気鉄道として計画され、途中からバス事業に変更された関西初の自動車専用道路・尼宝線で、昭和17年に県道となった。この付近には現在、国道176号のバイパス、中国自動車道が走っている。一方、地図の北側には、丘陵地、山地が広がり、沿線の駅名につながる著名な寺社が存在している。

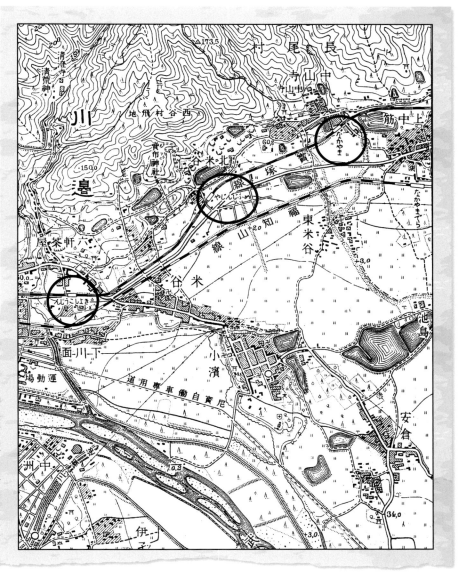

たからづか
宝塚

宝塚：開業年▶明治43（1910）年3月10日　　所在地▶兵庫県宝塚市栄町2－3－1　　ホーム▶2面4線（高架駅）　　乗降人数▶50,301人　　キロ程▶24.5km（梅田起点）

武庫川の北に阪急、JRの宝塚駅が並列。宝塚線、今津線の起終点駅
宝塚温泉、宝塚歌劇の歴史。現在は宝塚市立手塚治虫記念館も

　武庫川の北側にJR福知山線の宝塚駅と並行する形で存在するのが阪急宝塚線の終着駅、宝塚駅である。この駅からは、西宮北口駅経由で今津駅に向かう今津線が延びている。

　この宝塚駅は明治43（1910）年3月、箕面有馬電気軌道の時代に開業している。大正10（1921）年9月、西宝（現・今津）線が開業し、接続駅となった。現在の駅の構造は、頭端式2面4線のホームをもつ高架駅で、原則として1・2号線を今津線、3・4号線を宝塚線が使用している。平成5（1993）年9月に現在のような高架駅となった。

　一方、JRの宝塚駅は明治30（1897）年12月、当時の阪鶴鉄道の終着駅として開業した。翌年6月、有馬口（生瀬）駅まで延伸し途中駅となり、明治40年に阪鶴鉄道の国有化で、国鉄の駅となった。こちらは単式・島式の2面3線のホームを有する地上駅である。

　2つの駅は、宝塚市の玄関口であるとともに宝塚温泉、宝塚大劇場の最寄り駅として多くの観光客が利用してきた。宝塚大劇場・宝塚バウホールは、日本を代表する宝塚歌劇団の本拠地であり、宝塚音楽学校も存在する。かつては宝塚ファミリーランドもあったが、廃止となり、跡地は再開発されている。また、隣接する形で、宝塚市立手塚治虫記念館が開館している。

 昭和33年（1958）　宝塚大劇場、宝塚ファミリーランドの玄関口だった頃の宝塚駅。平成5年に現在のような高架駅に生まれ変わる前の地上駅の姿である。

撮影：亀井一男

昭和44年(1969)

宝塚線ホームに停車する1010系。高架化されるまでは駅のホームの延長などが繰り返されたために、駅ホーム先端部は扇状に少し広がった状態となっているのが特徴であった。また、ホームの屋根も先端までなかった。

撮影:岩堀春夫

昭和初期

開業当初の宝塚駅のホームと2両の車両が見える。この箕面有馬電気軌道1形は、開業時の明治43年から44年にかけて、33両が製造された。「1」は正雀工場に保存され、イベント時に公開されている。

所蔵:生田 誠

昭和38年(1963)

撮影:野口昭雄

宝塚線の2100系と今津線で使用されていた320形が並んだ宝塚駅。高架化前の宝塚駅は小さな駅で、駅の反対側には小規模であったが、電車が留置出来る引き上げ線が存在していた。またこの時点ですでに宝塚線は車両規格拡幅語で2100系が投入されている。

昭和51年(1976)

撮影:岩堀春夫

宝塚～清荒神間を走る800系。800系は宝塚線の線路規格拡大工事までは今津線経由で京都～宝塚間の特急車両として活躍した車両で、810系が登場するまでのクイーンであった。この当時はすでに更新工事が行われたあとでヘッドライトが2灯化されている。

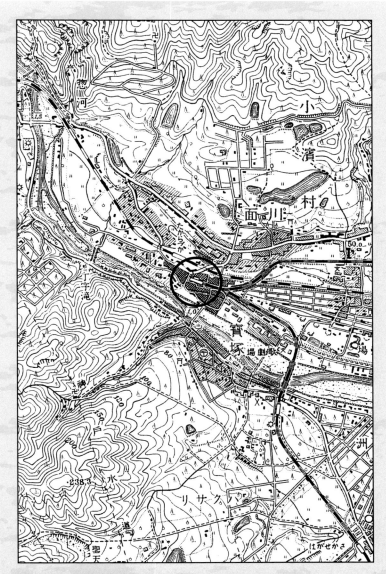

昭和7年(1932) 宝塚周辺

東から進んできた宝塚線とともに、南からは今津線が逆S字カーブしながら終着駅である宝塚駅まで延び、途中駅として、逆瀬川、宝塚南口の2駅が置かれている。一方、国鉄の福知山線は宝塚駅を通り、生瀬方面に延びている。宝塚のシンボルである、歌劇場(宝塚大劇場)は、武庫川の北の今津線沿いに見えるが、現在は下流にある宝塚大橋はまだ架けられていない。この当時は、川辺郡に小浜村が存在しており、昭和26年に宝塚町、昭和29年に宝塚市に変わっている。なお、宝塚温泉は武庫川の右(南)岸に開かれていたが、現在は旅館、ホテルの数は減っている。

さくらい、まきおち
桜井、牧落

桜井：開業年▶明治43(1910)年4月12日　所在地▶大阪府箕面市桜井2-2-1　ホーム▶2面2線(地上駅)　乗降人数▶11,072人　キロ程▶1.6km(石橋起点)
牧落：開業年▶大正10(1921)年12月30日　所在地▶大阪府箕面市百楽荘1-1-6　ホーム▶2面2線(地上駅)　乗降人数▶8,318人　キロ程▶2.7km(石橋起点)

平成元年(1989)

石橋駅から分岐している箕面線の中間駅の桜井駅。この辺りは阪急の創業会社であった箕面有馬電気軌道が乗客誘致のために住宅開発されたところであり、支線であったが、乗降客数はそれなりに多かったところであった。
撮影：岩堀春夫

全長4.0キロの箕面線には、桜井・牧落の中間駅が置かれている
桜井駅は明治43年開業。牧落駅は箕面市役所の最寄り駅である

　石橋駅から分岐した箕面線は、わずか4.0キロの距離であり、現在は中間駅として桜井駅、牧落駅がある。阪急の中でも歴史が古い路線で、当初は箕面公園、箕面滝に向かう観光路線の意味合いが強かった。かつては、箕面駅から箕面温泉地に至るケーブルカー（箕面鋼索鉄道線）も運転されていた。

　途中駅である桜井駅、牧落駅はともに箕面市内に存在している。桜井駅は明治43(1910)年4月の開業である。開業当時の箕面線には中間駅は存在せず、その1ヶ月後に桜井駅が誕生し、しばらくはただ1つの中間駅となっていた。現在の駅の構造は相対式2面2線のホームを有する地上駅である。かつては、千里線千里山駅からこの駅まで路線を延ばす計画があったが、実現しなかった。

　牧落駅は大正10(1921)年12月の開業で、この駅も相対式2面2線のホームを有する地上駅となっている。現在は、北東に位置する箕面市役所の最寄り駅であり、北西には箕面市第一総合運動場も存在する。ここには野球場、テニスコート、武道館などがある。また、少し離れた南東、豊中市との境界付近には大阪府立箕面高校が置かれている。この高校は昭和38(1963)年に開校した、比較的新しい学校である。

宝塚線▼桜井・牧落

昭和30年(1955)

桜井付近を走る66号の3連。当時はまだ住宅開発が駅前付近のみで、駅から少し離れると田畑の中を走る区間であった。また石橋から牧落までの区間はほぼ一直線で走る区間で、情景に変化が少ない線区でもあった。
撮影：高橋 弘

平成元年(1989)

阪急電車の創業路線となる箕面線の桜井駅に停車する3100系。宝塚線の分岐路線であった箕面線は本線系で引退した車両が使われる事が多かったが3100系は宝塚線でも使われながら4連車が箕面線で使用されていた。
撮影：岩堀春夫

昭和62年(1987)

箕面～牧落間を走る1100系。この当時すでに非冷房で登場した1100系も冷房改造が行われていたが、支線運用に都落ちしていた。1100系は神戸線に登場した1010系の宝塚線バージョンで京都線では1300系が登場している。
撮影：岩堀春夫

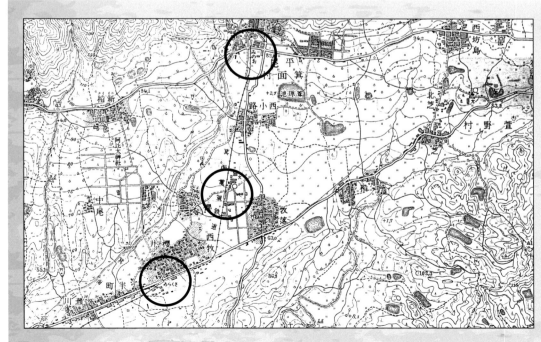

昭和4年(1929)

桜井、牧落、箕面周辺

石橋駅を出た箕面電気鉄道（現・阪急箕面線）は、途中駅である桜井、牧落駅をへて、終着駅の箕面駅に到着する。この当時の箕面駅は、豊能郡箕面村（現・箕面市）に置かれており、隣接して萱野村も存在した。地図上に見える「西小路」「牧落」「半町」などは、明治22年に箕面村が誕生する前に、それぞれ村として存在した集落である。地図の下（南）側を斜めに走る道路は現在の国道171号であり、牧落交差点で南北に走る箕面街道（府道43号）と交差している。この箕面街道は、鉄道誕生以前には、箕面山・滝安寺への参詣道として往来が多かった。

みのお
箕面

箕面：開業年▶明治43（1910）年3月10日　　所在地▶大阪府箕面市箕面1-1-1　　ホーム▶2面2線（地上駅）　　乗降人数▶16,101人　　キロ程▶4.0㎞（石橋起点）

明治の森箕面国定公園に箕面滝、瀧安寺がある大阪を代表する観光名所
明治43年、箕面線の終着駅として誕生。当初はループ線で折り返した

　紅葉の名所として有名で、現在は明治の森箕面国定公園に指定されている箕面市の中心に置かれているのが阪急の箕面駅である。この駅は明治43（1910）年3月、阪急の前身である箕面有馬電気軌道箕面線の終着駅「箕面公園」として開業した。

　この箕面駅の北、明治の森箕面国定公園には、修験道でも知られ、日本の滝百選にも選ばれている箕面滝が存在する。この滝の下に飛鳥時代、役行者が堂を建て、弁財天像を安置したのが箕面寺の始まりで、その後に「瀧安寺」の寺号を得た。この寺は、富くじの発祥地としても知られ、江戸時代には参拝客で大いに賑わった。その後も紅葉の名所として多くの観光客が訪れ、明治末期には動物園も開園している。この動物園の開園期間は短かったが、戦後には日帰り温泉の箕面温泉（スパーガーデン）も加わった。

　当初の箕面（公園）駅は、折り返しのためのラケット状のループ線をもつ駅だった。駅名を「箕面公園」から「箕面」に改称した時期は、昭和6（1931）年頃といわれる。現在の駅の構造は櫛形ホーム2面2線を有する地上駅である。現在は大阪近郊の通勤通学路線として平日には梅田直通の列車も運行されている。

昭和30年（1955）　箕面駅付近を走る51形。51形は当時関西ではやっていた正面5枚窓の卵型をした前面が特徴であった木造電車で、関西大手私鉄5社で活躍した正面5枚窓の電車の中でも、整ったスタイルとしていた電車であった。

撮影：高橋弘

宝塚線 ▼ 箕面

昭和44年(1969)

撮影：岩堀春夫

阪急電車の創業路線として箕面有馬電気軌道の箕面線の終点箕面駅駅舎。箕面には現在も人気がある温泉地として大阪からの観光地として人気を博しているところである。宝塚線の石橋駅から分岐した箕面線は住宅地としても開発されたところでもあった。

大正時代

箕面動物園から見た箕面駅付近。公会堂とグラウンドを囲むように、ラケット状のループ線が敷かれていた開業当初の箕面駅。降車ホームと乗車ホームが分かれ、中央付近に停車中の電車が見える。

所蔵：生田誠

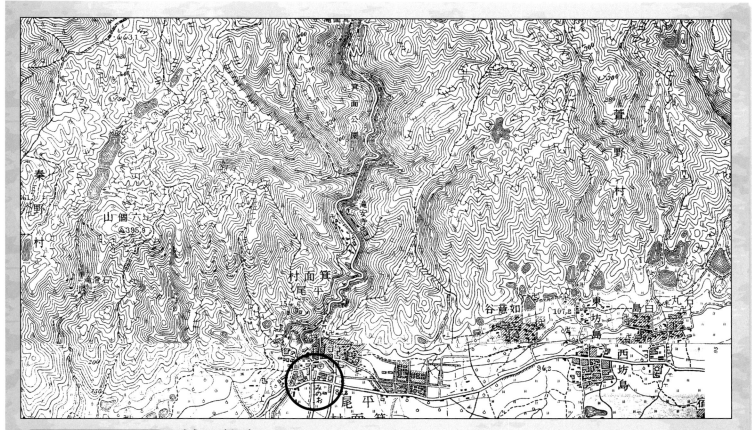

昭和4年(1929) 箕面周辺

箕面有馬電気軌道（現・阪急）箕面線の終着駅、箕面駅の北側の地図である。大阪の奥座敷であり、箕面川の流れに沿って、紅葉の名所としても有名な箕面公園、箕面滝、滝（瀧）安寺が存在している。箕面市の南部は大阪のベッドタウンとして開発されているが、北部は現在も観光地となっている。明治22年に西小路、牧落、半町村など豊島（後に豊能）郡所属の7村が合併して誕生した箕面村は、昭和23年1月に箕面町となり、8月に菅野村、止々呂美村を合併した。昭和31年12月に三島郡豊川村を編入し、市制を施行して箕面市となっている。

のせでんてつみょうけんせん、にっせいせん

能勢電鉄妙見線、日生線

大正2年開業の能勢電鉄には、妙見・日生の鉄道線と鋼索線が存在 川西能勢口駅で阪急宝塚線と連絡。直通列車、日生エクスプレス運行も

　能勢電鉄には現在、妙見線と日生線の鉄道2路線と鋼索線（妙見の森ケーブル）が存在する。本線となる妙見線は、大正2（1913）年4月、当時の能勢電気軌道の路線としてまず、能勢口（現・川西能勢口）〜一ノ鳥居（現・一の鳥居）間が開業した。開業当時は経営が安定せず、乗合自動車事業なども行ったが、現・阪急の資本参加などで持ち直し、大正12年11月、池田駅前（後の川西国鉄前）〜妙見（現・妙見口）間が全通した。昭和53（1978）年10月、能勢電鉄に社名を変更し、同年12月には日生線が開通している。

　阪急宝塚線との連絡駅で、現在は起点となる川西能勢口駅は明治43年に能勢口駅として開業し、大正6年8月に池田駅前〜能勢口間が延伸した。この区間は昭和56年12月に廃止されている。駅名は昭和40年4月に川西駅と改称した後、同年7月に川西能勢口駅となっている。また、阪急との共同使用駅となり、平成9（1997）年、朝夕のラッシュ時、特急「日生エクスプレス」の運行も始まった。

　一の鳥居駅との間には、途中駅として絹延橋、滝山、鶯の森、鼓滝、多田、平野駅が存在する。その先には畦野、山下駅があり、山下駅で日生線が分岐する。妙見線はさらに笹部、光風台、ときわ台の各駅をへて、終着駅の妙見口駅に至る。また、日生線は終着駅の日生中央駅まで2.6キロの路線で、途中駅は置かれていない。

昭和40年（1965）

能勢電を走る元阪急京都線の木造小型車デロ10形。昭和30年代に入ると能勢電でも連結運転が行われるようになり、デロ10形が2両連結され運行される様になった。
提供：朝日新聞社

能勢電鉄妙見線・日生線・鋼索線・索道線

昭和 **33** 年 (1958)

まだ単行車が活躍していた頃の能勢電能勢口駅（現・川西能勢口駅）。この当時の駅はホーム中央にポイントがあり、行き違いの構造となっていた。また30形35号は茶色い木造電車で、その後に登場した50形は半鋼製のクリームとブルーの塗装が能勢電カラーとなっていた。

撮影：竹中泰彦

昭和 **40** 年 (1965)

COLUMN　市町史に登場する能勢電鉄

『能勢町史』より抜粋

　町域に関係した数々の鉄道敷設の計画がなされたが、いずれも現実のものとはならず、幻の鉄道計画に終わったなかにあって、唯一実現をみたのは能勢電気軌道株式会社であった。同社は日露戦争中の38年3月河村木部の中里喜代治らが発起人となり、阪鶴鉄道（現在の福知山線）池田停車場構内を起点とし、川西村小花・小戸、多田村平野を経て一ノ鳥居にいたる7.0kmの路線を申請した。

　この申請は起点を小花（現在の阪急電鉄線猪名川鉄橋付近）に変更することで40年3月に認められたのである。翌41年社名を当初の能勢電気鉄道から能勢電気軌道に変更して発足した。資本金25万円であった。しかし取締役の交替など経営上で紛糾がつづき資本金難もあって工事は進捗しなかった。このようなとき、45年1月専務取締役に就任した太田雪松の経営手腕によって、債務の整理と工事がすすめられ、ついに大正2年3月末に竣工し、4月13日開業式を行った。

　起点の「能勢口」から終点の「一ノ鳥居」まで6.42km、途中駅は5か所設けられ、全線所要時間は25分、運賃は1区3銭、全線は通行税1銭を加えて10銭であった。この工事の途中45年6月一ノ鳥居から吉川村までの6.27kmの延長を計画し、一ノ鳥居までの工事が完成した大正2年4月延長線の免許を得た。

　しかしこの延長線が完成するのは、第一次大戦後の大正12年のことである（以上能勢電気軌道株式会社『風雪六十年』昭和45年刊による）。能勢電軌の開通は、直接町域に達したものではなかったけれども、これによって町域の人々の池田町への交通には大きな利便となった。

撮影：荻原二郎

高架駅となり、現在地に移転する前の山下駅。地上駅だった頃の木造駅舎の周りには、閑静な山間の雰囲気が漂っていた。

昭和 54年(1979)

真新しい路盤の日生線を走る500形。500形は阪急宝塚線の近代化に登場した戦前の車両であったが、小型車であったために昭和40年年代には能勢電にその活躍の場を移して最終的には5連など長編成で活躍していた。

撮影：山本雅夫

昭和 54年(1979)

日生線の終点となる日生中央駅に到着する500形。日生線開通当時はまだそれほど住宅開発が進んでいなかったために、分岐の山下駅から500形などの2連の電車が折り返し運転で行われていた。

撮影：山本雅夫

昭和 54年(1979)

平野駅の光景。能勢電気鉄道の車両は創業時を除いて戦後は阪急電車からの転属車並びに譲渡車で賄われていた。320形は500形の両運転台車両として宝塚線で活躍した車両で、500形などとともに昭和40年代には能勢電にその活躍の場を移していた。

撮影：山本雅夫

能勢電鉄妙見線・日生線・鋼索線・索道線

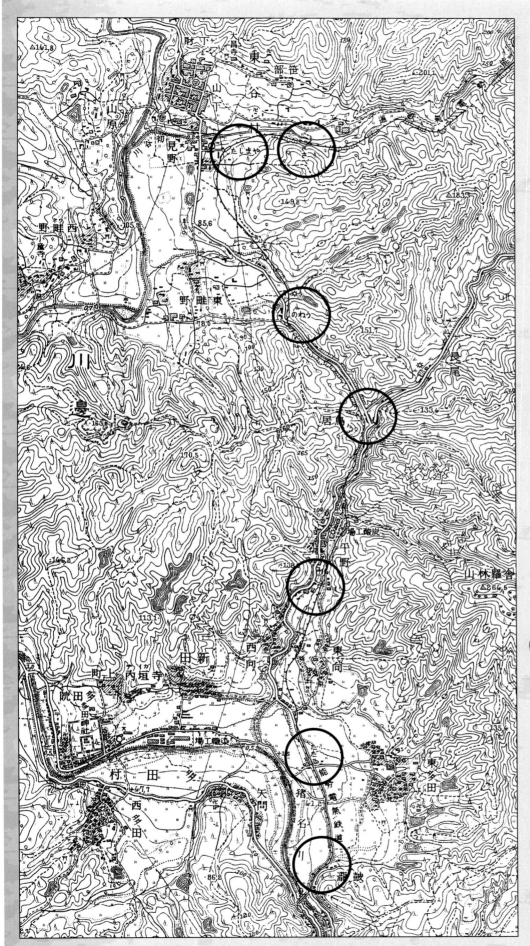

昭和7年（1932）

能勢電鉄周辺
（鼓滝〜笹部間）

　猪名川の流れに沿って北上していた能勢電鉄妙見線は、多田駅付近で猪名川と分かれて、そのまま北に進み、現在は妙見線と日生線の分岐点となっている山下駅に至る。地図下側の川辺郡多田村は、現在は川西市の一部となり、多田神社が存在しており、清和源氏の一族、多田氏の本拠地として知られている。また、山下駅はこの当時は地上駅で、現在地よりも西側に駅舎があった。昭和53年に開通した日生線は記されていない。この山下駅付近で、能勢電鉄線は大きくカーブして、北東方向に進む。この頃の終着駅は「妙見（現・妙見口）」で、光風台、ときわ台の駅は未開業であった。

昭和30年代初頭の能勢電鉄沿線風景

　大正時代に妙見（現・妙見口）駅まで、路線を延ばしていった能勢電気軌道（現・能勢電鉄）。山間を縫うように走る路線のために随所にトンネルが存在し、カーブも多かった。こうしたカーブは、輸送力増強の妨げになるため戦前から改良が行われ、昭和40年代からは複線化も進められた。このページに掲載したのは、のどかな山間、田園地帯を能勢電がのんびり走っていた、昭和30年代初頭の沿線風景である。線路は単線であり、車両も1両であった。

撮影：竹中泰彦

撮影：竹中泰彦

撮影：竹中泰彦

撮影：竹中泰彦

撮影：竹中泰彦

第2部
京都線
千里線
嵐山線

「京都線スピードアップ」の大看板が掲げられていた阪急ビルの梅田駅玄関口。この頃の京都線の特急は、大宮〜十三間をノンストップで走っていた。
撮影：武田 毅

みなみかた、そうぜんじ、あわじ

南方、崇禅寺、淡路

南方：開業年▶大正10（1921）年4月1日　所在地▶大阪市淀川区西中島3－17－3　ホーム▶2面2線（地上駅）　乗降人数▶42,433人　キロ程▶1.9km（十三起点）
崇禅寺：開業年▶大正10（1921）年4月1日　所在地▶大阪市東淀川区柴島1－7－28　ホーム▶2面2線（地上駅）　乗降人数▶3,698人　キロ程▶3.2km（十三起点）
淡路：開業年▶大正10（1921）年4月1日　所在地▶大阪市東淀川区東淡路4－17－8　ホーム▶2面4線（地上駅）　乗降人数▶35,449人　キロ程▶4.2km（十三起点）

淀川区に置かれた南方駅、崇禅寺駅は東淀川区に位置する
淡路駅で京都線と千里線が分岐。市営地下鉄堺筋線の乗り入れも

　南方駅は新京阪鉄道の前身である北大阪電気鉄道時代の大正10（1921）年4月、十三〜淡路〜豊津間の開通時に開業した。駅の構造は、相対式2面2線のホームをもつ地上駅である。西側を走る御堂筋には地下鉄御堂筋線が通り、高架駅である西中島南方駅と連絡している。約700メートル北には、JR東海道本線、東海道新幹線の新大阪駅があり、徒歩での連絡も可能である。

　次の崇禅寺駅も大正10年4月に開業している。駅名の由来となったのは、天平年間に行基により建立されたとされる曹洞宗の古刹・崇禅寺で、当初は法相宗の寺だった。この寺は、細川家及び明智光秀の娘で細川忠興に嫁いだ、細川ガラシャの菩提寺として有名である。江戸時代の「崇禅寺馬場の仇討」でも知られる。

　淡路駅の開業は、南方駅、崇禅寺駅と同じ大正10年4月。その後、新京阪鉄道の駅となり、大正14年10月、現・千里線の天神橋（現・天神橋筋六丁目）〜淡路間が開通し、昭和3（1928）年1月には、現・京都線の淡路〜高槻町（現・高槻市）間が延伸した。当初は、十三〜淡路間が十三線で、天神橋〜京都西院間が新京阪本線であった。

　現在の淡路駅は、高架化（連続立体交差化）工事の途中だが、当初の予定よりもかなり遅れている。完成までの駅構造は、島式ホーム2面4線を有する地上駅である。1号線は欠番で、2・3号を京都線・千里線の上り、4・5号線を京都線・千里線の下りが利用している。

昭和51年（1976）

京都方面の上空から見た淡路駅周辺である。現在は京都線、千里線の連続立体交差化の工事が進められているが、この頃は2つの島式ホームが仲良く並ぶ地上駅の姿であった。手前の東口側には三和（現・三菱東京UFJ）銀行、大阪（現・近畿大阪）銀行の大きな看板のある2つのビルが見える。西口側にはアーケードの本町通りが延び、宝来市場と淡路東宝劇場（映画館）がある。
提供：産経新聞社

京都線 ▶ 南方・崇禅寺・淡路

昭和56年（1981）
この南方駅の周辺には、先駆けて高架化された鉄道路線、道路が存在するため、ここは「開かずの踏切」として有名である。
提供：阪急電鉄

昭和29年（1954）
淡路駅に停車する700系の2連。登場時は700系は2連で活躍したが、後に戦時中に製造された車両を中間車改造され3連化が行われて昭和50年代前半まで活躍した。
撮影：高橋 弘

昭和47年（1972）
淡路駅に到着する千里線で活躍のデイ100形。新京阪時代に登場したデイ100形は、最後は千里線で使用されるようになった。途中での事故廃車などなく、すべての車両が老朽化により廃車されている。
撮影：岩堀春夫

昭和47年（1972）
南方～崇禅寺間を走る700系。700系の末期は主に6連の場合は千里線で使われることが多かった。崇禅寺付近は現在淡路駅の高架工事のために大きく変化しているところであるが、工事が始まるまでは桜並木が綺麗な区間であった。なお、この区間は旧東海道本線の経路だった。この先で左にカーブして現在の東海道本線に合流する廃線跡がある。
撮影：岩堀春夫

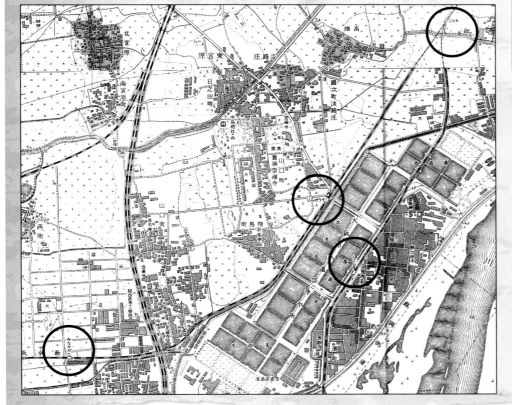

昭和4年（1929）
南方、崇禅寺、淡路、柴島周辺

　地図の右下（南東）側には、新京阪（現・阪急）の2本の路線が延びている。この当時、柴島駅の見える現・千里線が本線格で、南方、崇禅寺の両駅がある現・京都線の一部は支線的な扱いだった。一方、左（西）側には国鉄東海道本線と北方貨物線が見える。この当時は東淀川駅も新大阪も未開業であった。鉄道線以外では、右（東）側に淀川が流れ、2本の新阪急線の間には、南北に細長く「大阪市水道部浄水所」が存在する。これが現在の大阪市水道局柴島浄水場で、阪急線の車窓からその様子が確認できる。崇禅寺駅の北西には、駅名の由来となった曹洞宗の寺院、崇禅寺が存在し、細川ガラシャの菩提寺としても知られる。

昭和20年代

阪急京都線の前身となる新京阪鉄道が京都線開業時に用意したデイ100形はアメリカタイプの大型車両であった。写真の頃はまだ原型が残ってあり、ベンチレーターがグローブ型ベンチレーターに交換される前のお椀型ベンチレーター時代である。
撮影：亀井一男

昭和24年(1949)

阪急京都線が京阪電気鉄道時代に旧型車の電気部品を使って新造した200形は、阪急電鉄になってからも採用されていない流線型の前面が特徴であった。登場時は京阪本線と同色であったクリームとブルーの塗装で登場している。
撮影：亀井一男

昭和29年(1954)

200形は新京阪鉄道が京阪電気鉄道に合併後に旧型車輌の電気部品を使って新造された車両で、後に登場する阪急電鉄車両を含めても最大の車体広さを持った車両であった。2両1編成のみ戦前に製造されている。
撮影：野口昭雄

昭和47年(1972)

淡路駅に到着するデイ100形。行先看板などが掲示されていないところを見ると回送か臨時列車運行前の姿かも知れない。現在淡路駅は高架工事の真っ最中で、真新しい高架橋が徐々にではあるが出来上がってきており、JRおおさか東線の新駅も開業予定。
撮影：和田栄六

<small>かみしんじょう、あいかわ</small>

上新庄、相川

上新庄：開業年▶昭和3（1928）年1月16日　所在地▶大阪市東淀川区上新庄2-24-5　ホーム▶2面2線（高架駅）　乗降人数▶52,596人　キロ程▶6.3km（十三起点）
相川：開業年▶昭和3（1928）年1月16日　所在地▶大阪市東淀川区相川1-7-24　ホーム▶2面4線（高架駅）　乗降人数▶18,545人　キロ程▶7.2km（十三起点）

国道479号（大阪内環状線）を挟んで、南北に長く伸びる上新庄駅
相川駅の駅名は、安威川に由来。西側には、新京阪橋が架かる

　上新庄駅は、国道479号（大阪内環状線）を挟んで長い構造をもち、北口と南口がある。駅の開業は昭和3（1928）年1月で、当初は地上駅だった。昭和50（1975）年、国道にある島頭踏切の交通渋滞を緩和するため、駅を高架化した際にホームを相川駅側に移動し、現在のような相対式2面2線のホームをもつ高架駅となった。このため、相川駅との距離は0.9キロとかなり短くなっている。駅南側の上を東海道新幹線が通っている。千里線の下新庄駅とは、かなり距離が離れており、乗り換えには適さない。

　次の相川駅は、神崎川と安威川（あいがわ）に挟まれた地点に置かれている。昭和3年1月の開業時の駅名は「吹田町」で、当時の吹田町（現・吹田市）の玄関口だった。昭和15年6月、京阪吹田駅と改称し、昭和18年10月、吹田東口駅と再度、駅名を改称している。現在の駅名である「相川」となったのは、戦後の昭和29（1954）年5月ある。

　「相川」の駅名の由来は、駅の西北を流れる安威川である。駅を出て京都方面に向かう電車は、すぐに安威川に架かる鉄橋を渡るが、駅の西口から吹田市街に向かう道路がこの川を渡る橋は、新京阪時代に「新京阪橋」という名称が付けられている。駅の構造は、盛土上に設けられた、島式2面4線のホームをもつ高架駅である。

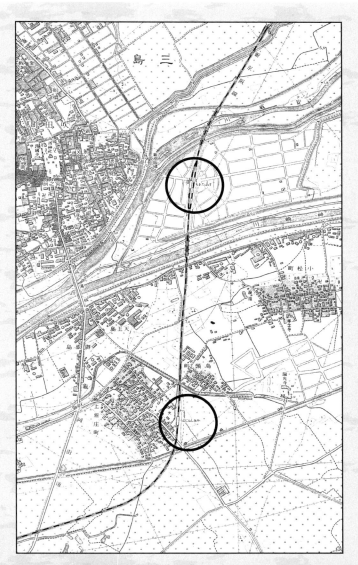

昭和4年（1929）　上新庄、相川周辺

　地図の中央には神崎川と相川の流れがあり、2本の川に囲まれる形で、吹田町（現・相川）駅が置かれている。この駅の西側には、相川に架かる新京阪橋があり、吹田の市街と結ばれている。地図の左上（北西）から左下にかけて、吹田市街を通る亀岡街道が走っており、古くから丹波（亀岡）地方から大阪に薪炭・農産物を運ぶルートとなっていた。上新庄駅の北西には市街地が見え、学校（新庄小学校）と神社（春日神社）の地図記号が確認できる。一方、駅の南東方向には農地が広がっているが、現在はこの付近を内環状線（国道479号）、東海道新幹線が通っている。

昭和30年（1955）
提供：阪急電鉄

戦後の復興が進むなか、大阪市内にありながら、まだ旧時代の木造駅舎が残っていた上新庄駅。利用者もそれほど多くはなかった。

しょうじゃく、せっつし、みなみいばらき

正雀、摂津市、南茨木

正雀：開業年▶昭和3(1928)年1月16日　所在地▶大阪府摂津市阪急正雀1-1　ホーム▶2面4線(地上駅/橋上駅)　乗降人数▶18,789人　キロ程▶9.4km(十三起点)
摂津市：開業年▶平成22(2010)年3月14日　所在地▶大阪府摂津市千里丘4-1-1　ホーム▶2面2線(地上駅)　乗降人数▶9,723人　キロ程▶10.9km(十三起点)
南茨木：開業年▶昭和45(1970)年3月8日　所在地▶大阪府茨木市天王2-6-14　ホーム▶2面2線(地上駅/橋上駅)　乗降人数▶41,986人　キロ程▶12.9km(十三起点)

市内に正雀、摂津市駅、正雀車庫では春・秋に鉄道フェアを開催
昭和45年、臨時駅で誕生した南茨木駅。大阪モノレールと連絡

　春と秋の「阪急レールウェイフェスティバル」開催時には多くの鉄道ファンで賑う、阪急電鉄正雀工場。この工場(車庫)に隣接するのが正雀駅である。開業は昭和3(1928)年1月。摂津市内に置かれているが、正雀川を挟んで吹田市とも隣接する形である。北西には、JR東海道本線の岸辺駅があり、徒歩による乗り換えが可能である。駅の構造は島式2面4線のホーム、橋上駅舎を有する地上駅となっている。

　次の摂津市駅は、平成22(2010)年3月開業の新しい駅である。当時は、太陽光発電などで二酸化炭素の排出量を削減する、日本初の「カーボン・ニュートラル・ステーション」として話題となった。駅の構造は相対式2面2線の地上駅である。駅の北西には、東海道本線の千里丘駅が存在する。

　南茨木駅は、昭和45(1970)年3月8日、日本万国博覧会(大阪万博)の臨時駅として開業し、後に常設駅に変わった。相対式ホーム2面2線の地上駅で、橋上駅舎を有する。平成2年6月に大阪高速鉄道大阪モノレールが開通し連絡駅となった。当初は終着駅だった大阪モノレールは、平成9年に門真市駅まで延伸した。このモノレールとともに、近畿自動車道、大阪中央環状線(府道2号)もホームの真上を通っている。

撮影：岩堀春夫

正雀駅に到着するデイ100形。京都線での使用は水害で橋梁破損まで使われた。デイ100形自体は大まかにわけて3種類あり、電動車はオール鋼体車体の車両と、半鋼製の車両の2種類があった。

撮影：岩堀春夫

正雀駅を発車するデイ100形。大阪側に電動車が連結され、京都側が制御車となるのが基本であった。正雀車庫は正雀駅から分岐する形の扇型で線路が配置され本線に近い位置には検車車庫の建屋がある車庫である。

京都線 ▼ 正雀・摂津市・南茨木

昭和41年(1966)

正雀駅を通過する特急「かげき号」。名前の通り宝塚歌劇を鑑賞するために運行されていた列車で、京都河原町と神戸線西宮北口から今津線を経由して宝塚駅まで走っていた特急電車であった。車両は京都線の710系が使われていた。

撮影：佐野正武

昭和25年(1950)

京都線の車庫であった正雀車庫で休むデイ100形。アメリカタイプのスタイルをしたデイ100形の最大の特徴は緩衝式の連結幌にあった。現在のほろは柔らかいビニールなどで連結されているが、デイ100形の幌とはバネが取り付けられた緩衝方式となっていた。

撮影：高田隆雄

昭和45年(1970)

大阪万博の開幕に合わせて開設された南茨木駅であり、駅の周辺にはほとんど建物が見えない。開業前の真新しい橋上駅舎、ホームである。

提供：阪急電鉄

昭和47年(1972)

正雀駅に到着するデイ100形の4連普通列車。この当時はまだ普通電車は梅田駅までの乗り入れではなく十三駅止まりの列車も運行されていた。そのために十三駅の一番東側には折り返し線用のホームがあった。

撮影：岩堀春夫

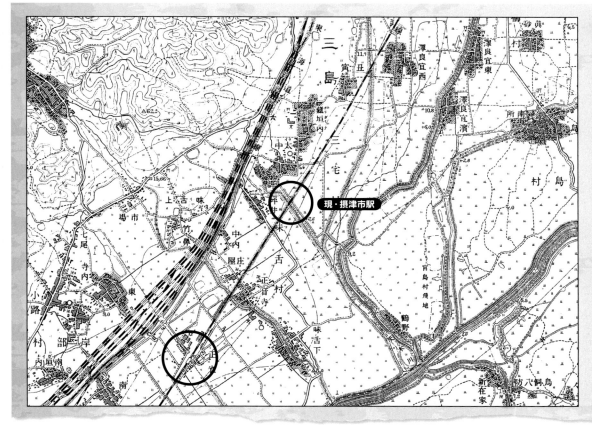

昭和4年（1929）
正雀、摂津市、南茨木周辺

　この当時、並行して走る国鉄東海道本線には、吹田～茨木間に中間駅は存在しなかった。現在の岸辺駅は昭和22年、千里丘駅は昭和13年の開業である。また、新京阪（現・阪急京都）線にも、正雀駅は見えるが、戦後に誕生した摂津市、南茨木の両駅は表記されていない。正雀駅の西側には、この当時から正雀車庫・工場が存在し、その後に北側に拡張され、規模は大きくなっている。地図上には、三島郡の岸部村、三宅村、味舌村などの文字が見えるが、現在はそれぞれ、吹田市、茨木市、摂津市の一部となっている。地図の下（南）側には、安威川の流れが見える。

阪急京都線が新京阪時代に新造した電気機関車で3両が登場している。登場時はまだ集電装置がポール時代で、現在のような高速運転に適した電気機関車ではなかった。ポール姿で活躍したのは最初の頃のみで後にパンタグラフ化されている。

撮影：岩堀春夫

京都線 ▶ 正雀・摂津市・南茨木

昭和42年(1972)

正雀駅北西側の正雀車庫の風景。敷地内に隣接して正雀工場がある。正雀駅の所在地は摂津市阪急正雀1番1号であり住居表示に「阪急」の文字が入っているのは当駅だけである。また、駅の位置は吹田市と摂津市にまたがった場所にあり、正雀川が両市の境界線となっている。

撮影：岩堀春夫

正雀駅を通過する京都線の専用車両として登場した2300系急行列車。この頃の急行列車は停車駅も少なく、現在の特急の停車駅よりも少ない停車駅数であった。

昭和47年(1972)

撮影：岩堀春夫

昭和48年(1973)

正雀車庫で休む阪急電車の電動貨車並びに電動貨物電車たち。4001と4002は無蓋の構造となっていたが、4001は長物（レールなど）を運ぶために細い運転台が特徴であった。しかし4002は通常通り、車体幅全体に運転台があった。

撮影：岩堀春夫

61

いばらきし、そうじじ

茨木市、総持寺

茨木市：開業年▶昭和3（1928）年1月16日　所在地▶大阪府茨木市永代町1-5　ホーム▶2面4線（高架駅）　乗降人数▶66,450人　キロ程▶14.8km（十三起点）
総持寺：開業年▶昭和11（1936）年4月15日　所在地▶大阪府茨木市総持寺駅前町7-3　ホーム▶2面2線（地上駅）　乗降人数▶18,409人　キロ程▶16.2km（十三起点）

阪急京都線には茨木市駅、JR東海道本線に茨木駅が置かれている
総持寺駅には真言宗の寺院あり、開業時は「総持寺前」駅を名乗る

　大阪府内の私鉄には、「市」をつけた駅名がいくつか存在する。京阪線の枚方市駅、寝屋川市駅、門真市駅、守口市駅、阪急京都線の高槻市駅、そして、この茨木市駅で、いずれも沿線の主要駅、ベッドタウンの玄関口となっている。

　茨木市駅は昭和3（1928）年1月、新京阪鉄道の淡路〜高槻町（現・高槻市）間の開通時に「茨木町」駅として開業した。昭和23（1948）年1月、茨木町、三島村などの合併により、茨木市が誕生した際に、現駅名に改称している。高槻市駅と同様、JR東海道本線にはより歴史の古い茨木駅が存在するが、こちらは両駅の間に距離があり、乗り換えには適さない。茨木市駅の構造は、島式2面4線のホームを有する高架駅である。

　現在も茨木市駅の西口、東口、南口からは、阪急バス、近鉄バス、京阪バスなどの路線バスが発着しているが、昭和45年の日本万国博覧会（大阪万博）開催時には、会場に乗客を運ぶ路線バスのターミナルとなっていた。現在も、大阪モノレールの万博記念公園駅に向かう阪急バスが発着している。

　次の総持寺駅は昭和11年4月、総持寺前駅として開業。昭和23年1月、現在の駅名に改称している。相対式ホーム2面2線を有する地上駅である。駅名の由来となった総持寺は、平安時代創建の高野山真言宗の寺院で、西国三十三所第22番札所となっている。

昭和32年（1957）　この当時の茨木市駅には、島式2面4線の幅の広いホームが並んでいた。高架駅に変わるのは昭和の時代が終わる頃である。

提供：阪急電鉄

京都線 ▼ 茨木市・総持寺

昭和32年(1957)

「京都嵐山方面のりば」の看板が見える総持寺駅上りホームの待合室。本線の駅前風景ながら、ビルなどの影はなかった。

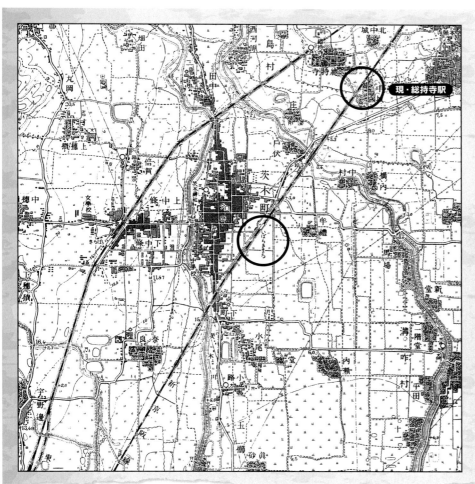

昭和元年(1989)

総持寺駅を通過する河原町行き6300系特急。この車両は昭和50年に京都線特急車両として投入され、翌年、栄えあるブルーリボン賞を受賞した。

昭和4年 (1929)

茨木市、総持寺周辺

この茨木町（現・茨木市）駅付近では、ほぼ直線に走る新京阪（現・阪急京都）線に対して、国鉄東海道本線は少し北側にカーブしている。その分、茨木町駅と茨木駅との乗り換えは、少し不便になっている。両駅の間には、茨木川が流れ、茨木神社の存在もある。この当時の市街地は茨木川の東側、新京阪線側に発達していたことがわかる。一方、現在は北側を流れる安威川の北に存する、総持寺前（現・総持寺）駅の開業は昭和11年であるため、この地図上には記されていない。この当時、東海道線の付近に役場の地図記号が見える三島郡三島村は、昭和23年に茨木町、春日村などと合併し、茨木市の一部となった。

京都線沿線の主要駅である茨木市駅には、東西2つのバスターミナルがあるが、昭和45年の大阪万博開催時に、会場へのピストン輸送の窓口となった西口側の方が大きく、整備が進んでいた。この西口広場に面して、ソシオ−1茨木ビルが存在する。一方、東口側には茨木阪急ビルとともに、3階建ての団地4棟が見えるが、現在は茨木市双葉町自転車駐車場などに変わっている。

昭和52年(1977)

京都線 ▼ 茨木市・総持寺

提供：産経新聞社

とんだ、たかつきし

富田、高槻市

富田：開業年▶昭和3（1928）年1月16日　所在地▶大阪府高槻市富田町3-4-10　ホーム▶2面2線（地上駅）　乗降人数▶20,848人　キロ程▶17.3km（十三起点）
高槻市：開業年▶昭和3（1928）年1月16日　所在地▶大阪府高槻市城北町2-1-18　ホーム▶2面4線（高架駅）　乗降人数▶64,324人　キロ程▶20.6km（十三起点）

現在のような近代的な高架駅に変わる前、地上駅だった頃の高槻市駅。京阪間のベッドタウンの窓口として、この頃から駅前は活気があった。
撮影：荻原二郎

昭和3年に富田町駅が開業、昭和32年に現在の富田駅に改称
開業時の高槻町駅は新京阪線の終着駅、現・高槻市駅は沿線の主要駅

　高槻市富田町にある富田駅は、昭和3（1928）年1月、新京阪鉄道時代に富田町駅として開業した。開業当時、三島郡に富田町が存在し、駅名に採用された。隣り合って存在した高槻町は昭和18年1月、高槻市となり、昭和31（1956）年9月に富田町が高槻市に編入されたことで、駅名を「富田」に改称している。JR東海道線には、連絡駅となる摂津富田駅が存在。こちらは大正13（1924）年7月の開業で、駅名はそのままである。

　高槻市駅は新京阪鉄道が昭和3年1月、淡路駅からの路線を延ばした際の終着駅だった。同年11月、京都西院駅までの延伸で途中駅となったが、京都線（京都〜梅田間）のほぼ中間地点に位置しており、現在に至るまで同線の主要駅となっている。高槻市の市制施行により、昭和18年1月、現在の駅名「高槻市」に改称している。

　昭和44年12月、大阪市営地下鉄堺筋線により、当駅までの相互直通運転が行われるようになった。駅の構造は島式ホーム2面4線を有する高架駅で、快速特急以外の全列車が停車する。

　この高槻市駅にも、連絡駅となるJR東海道本線の高槻駅が存在する。高槻市役所は、高槻市駅の南西に位置し、両駅が最寄り駅となっている。なお、高槻市といえば、大阪近郊のベッドタウンのイメージが強いが、歴史に登場する史跡（名所）も存在する。駅の南に位置する高槻城跡は、キリシタン大名として知られる高山右近の居城で、城跡公園には高山右近像も建てられている。

昭和47年(1972)

京都線 ▼ 富田・高槻市

撮影：中西進一郎

高槻市付近の田園風景の中を走る大阪市交通局60系。60系はその当時阪急電車は鋼製車で車体を作っていたが、60系はアルミ車体で登場したために、京都線内では目立つ存在であった。

昭和45年(1970) 撮影：岩堀春夫

天王山をバックに、北側には東海道本線と名神高速が通り、南側には国道171号線と新幹線が走る。高槻市駅から新幹線との並走区間付近を走るところは平成の時代になってからも田畑が多く存在する区間で、編成の列車を撮影するにうってつけの場所であった。

COLUMN 市町史に登場する阪急電鉄②

『高槻市史』より抜粋

　阪急京都線は、1949（昭和24）年には梅田－京都（大宮）間の急行と天神橋－京都間の普通を主軸とし、1日4往復だけの天神橋－高槻市間に普通電車を走らせていたが、翌50年には天神橋－京都（大宮）間にノンストップの特急を新設し、1956（昭和31）年からは特急の梅田乗り入れを実現して、天神橋行きは普通電車のみに改めた。

　ついで1962（昭和37）年には京都で大宮－河原町間の地下路線が開通し、1969（昭和44）年には大阪の地下鉄堺筋線との相互乗り入れが開始されて、天神橋－高槻間に普通電車が運行されはじめる一方、京都へ直行する普通電車は十三駅始発に変更された。

　1971（昭和46）年になると高槻市駅にも停車する通勤特急が朝のラッシュ時に新設され、1973（昭和48）年には普通電車の一部が梅田駅に乗り入れた。この普通電車がすべて梅田駅発着になったのは梅田駅の改修が進められていた1977（昭和52）年で、1979年からは地下鉄堺筋線へ直通する急行の運転が開始されるとともに、朝のラッシュ時に梅田へ向かう通勤特急の増発と夕方のラッシュ時に梅田を発車する通勤特急の新設が実現した。

昭和4年(1929)

富田、高槻市周辺

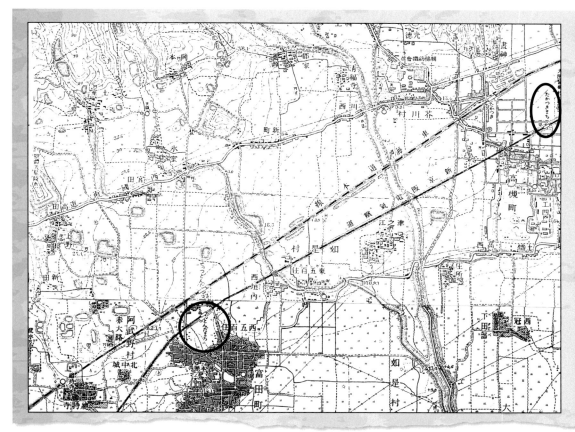

　この付近では、国鉄東海道本線と新京阪（現・阪急京都）線が並行して走っている。先に開通した東海道本線には摂津富田駅と高槻駅、開通して間もない新京阪線には富田町（現・富田）駅と高槻町（現・高槻市）駅がおかれていた。現在に至る駅名の変更は、三島郡高槻町の市制施行（昭和18年）によるもので、この当時、同じ三島郡に存在した富田町は昭和31年に高槻市に合併された。現在では、大阪、京都に通勤・通学する人がたくさん住む高槻（市）だが、この地図で見る限り、住宅地として開発された部分は少なく、大学キャンパスの進出もまだ行われていない。昭和6年まで存在した芥川村（町）、昭和9年まで存在した如是村の文字もある。

かんまき、みなせ

上牧、水無瀬

上牧：開業年▶昭和9（1934）年5月13日　所在地▶大阪府高槻市神内2－1－5　ホーム▶1面2線（高架駅）　乗降人数▶11,234人　キロ程▶24.9km（十三起点）
水無瀬：開業年▶昭和14（1939）年5月16日　所在地▶大阪府三島郡島本町水無瀬1－17－12　ホーム▶2面2線（高架駅）　乗降人数▶11,563人　キロ程▶25.7km（十三起点）

新京阪時代に「上牧桜井ノ駅」が誕生、「桜井ノ駅」が続いた
上牧駅は高槻市に存在。水無瀬駅は島本町に位置、JR島本駅と連絡

　昭和3（1928）年1月、淡路〜高槻町（現・高槻市）間を開業させた新京阪鉄道は同年11月、高槻町〜京都西院間の延伸を実現したが、このときに上牧、水無瀬の両駅は設置されなかった。

　しかし、当時は歴史（愛国）教育の観点から、沿線にある国指定の史跡「桜井（ノ）駅跡」の重要性が増し、最寄り駅を設置することとなり、昭和9年5月に「上牧桜井ノ駅」、昭和14年5月に「桜井ノ駅」の両駅が開業した。駅名に含まれる「駅」は街道の「宿駅」を指し、この「桜井ノ駅」とは、南北朝の動乱時に足利尊氏と戦った楠正成が、嫡子の正行を故郷に帰らせた「楠公父子訣別之所」に由来する。付近には桜井ノ駅に向かう楠公道路が整備され、両駅とも参拝客で大いににぎわった。

　「上牧桜井ノ駅」は昭和14年、現在の駅名である「上牧」に改称。「桜井ノ駅」は昭和23（1948）年1月、現在の駅名である「水無瀬」になった。

　ともに高架駅であり、昭和38年の高架化工事の際には、開業前の東海道新幹線の線路を借用して、仮設ホームで営業した歴史がある。上牧駅は島式ホーム1面2線、水無瀬駅は相対式2面2線のホームをもつ。なお、水無瀬駅は西側にあるJR東海道本線の島本駅と連絡駅となっている。また、後鳥羽上皇の離宮跡に建立された水無瀬神宮の最寄り駅でもある。

昭和38年（1963）　上牧（仮駅）駅を通過する2300系の特急。高槻駅の上牧駅の途中から大山崎までの区間を高架化するときに、先に完成していた新幹線の高架築堤〜高架線を仮線として使って阪急線の高架工事を行っていた当時の風景。

撮影：高橋弘

提供：朝日新聞社

昭和38年(1963)

東海道新幹線の高架築堤・高架線工事に合わせて阪急京都線も東海道新幹線との並走区間との区間を高架化工事が行われる事になり、従来の線路を工事する間は先に完成していた東海道新幹線の線路を仮線として阪急電車が走っていた。

京都線▶上牧・水無瀬

撮影：高橋弘

昭和38年(1963)

水無瀬駅付近を走る710系の特急4連。すでに阪急線の高架工事がほぼ完成している状態で、新幹線の線路を仮線として使っていた頃の末期の風景。現在は東海道新幹線N700系が走っているところを一時期ではあるが阪急電車が走っていた。

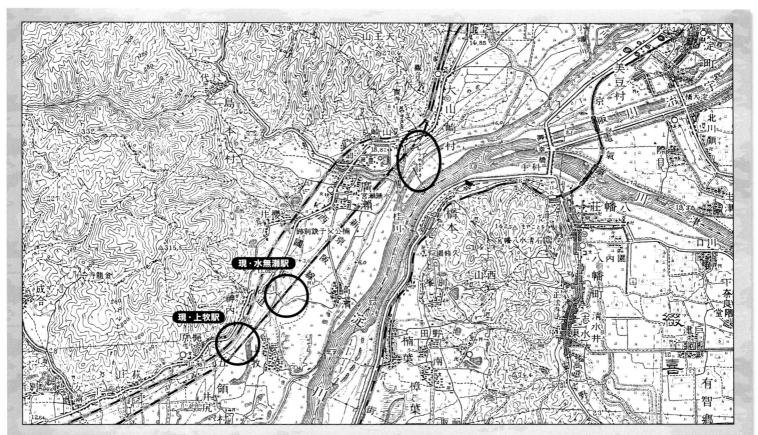

昭和7年(1932) 上牧、水無瀬、大山崎周辺

　この当時は、同じ会社の路線だった京阪線と新京阪線(現・阪急京都線)が、最も接近する場所がこの大山崎駅付近である。この付近では、桂川と宇治川、木津川が交わって淀川となり、対岸には京阪の橋本駅が置かれている。一方、大山崎駅の北西には国鉄の山崎駅が存在する。この当時、東海道本線には島本駅は存在せず、現・阪急京都線の水無瀬、上牧駅も開業していなかった。大山崎周辺は、山城(京都)と摂津(大阪)の国境であり、数々の歴史の舞台として有名になった場所で、天王山や水無瀬宮、「楠公父子訣別跡(桜井駅跡)」などが見える。

おおやまざき、にしやまてんのうざん、ながおかてんじん

大山崎、西山天王山、長岡天神

大山崎：開業年▶昭和3（1928）年11月1日　所在地▶京都府乙訓郡大山崎大字大山崎小字明島13-2　ホーム▶2面2線（高架駅）　乗降人数▶6,921人　キロ程▶27.7km（十三起点）
西山天王山：開業年▶平成25（2013）年12月21日　所在地▶京都府長岡京市友岡4-22-1　ホーム▶2面2線（地上駅）　乗降人数▶3,267人　キロ程▶30.2km（十三起点）
長岡天神：開業年▶昭和3（1928）年11月1日　所在地▶京都府長岡京市天神1-30-1　ホーム▶2面4線（地上駅／橋上駅）　乗降人数▶28,937人　キロ程▶31.7km（十三起点）

大阪府と京都府の府境に大山崎駅、西山天王山駅が存在
阪急は長岡天神駅、以前のJR神足駅は長岡京駅に改称

　高槻市方面から阪急京都線に乗ると、左（西）側に見えるJR東海道本線との距離が、ぐっと近くなる場所がある。それがこの大山崎駅付近で、やがて両線は交差し、今度は阪急京都線がJR東海道本線の西側を走ることとなる。
　この大山崎駅は昭和3（1928）年11月の開業。昭和38（1963）年に行われた駅高架化工事の際、建設中だった東海道新幹線の線路を借りて、仮設ホームを置いたことはよく知られている。この駅付近は山と川に挟まれた狭いところに西側から、東海道本線、阪急線、東海道新幹線の線路が並ぶ場所となっている。
　次の西山天王山駅は平成25（2013）年12月の開業である。この駅は相対式ホーム2面2線の地上駅で、ホームの真上を京都縦貫自動車道が走っている。開業前は「南長岡京市」という仮称の駅名だったが、西側に広がる西山・天王山の名が採用された形である。
　学問の神様・天神様に縁が深い京都線には、長岡天神駅が存在する。現在は、長岡京市の玄関口であり、JR東海道線には長岡京駅があるが、こちらは開業以来、神足駅だった時代が長く、阪急の長岡天神駅が長岡天満宮、長岡京市役所の最寄り駅となっている。この地は、菅原道真の所領であり、その死後に木像が祀られ、現在のような大きな長岡天満宮に発展した。
　長岡天神駅は大山崎駅と同じく、昭和3年11月に開業した。沿線の主要駅のひとつで、島式ホーム2面4線の地上駅である。橋上駅舎になったのは阪急線の中では最も早い。現在は特急、通勤特急などが停車し、快速特急は通過する。

撮影：中西進一郎

大山崎付近を走るデイ100形末期の姿。デイ100形の最大の特徴であった緩衝式ホロ枠は昭和30年代後半に取り外され、普通の貫通幌式に改造されてしまった。そのため、前面の雰囲気も随分と変わってしまっている。

撮影：高橋 弘

大山崎付近を走るデイ100の制御車とし戦時中に登場した1300系（前面には302と3桁になっている）。1300系は京阪本線の1200系に似たスタイルで登場した半流形の前面が特徴であったが、700系の中間車になってしまい、半流スタイルは消えてしまった。

昭和39年(1964) 京都線▼大山崎・西山天王山・長岡天神

大山崎〜長岡天神間を走る1300系の急行。現在はこの区間に西山天王山駅が設置されている。1300系は710系に続いて戦後の阪急電車のスタイルを一世代築いた車両で最初に登場した車両は2扉で登場している。

撮影:林嶢

昭和27年(1952) 撮影:高橋弘

長岡天神駅を通過するデイ100形3連の急行。この当時は急行列車も通過する長岡天神駅であったが、平成の現在は特急も止まる駅となっている。中間車はデイ100形の異端車であった1550系で編成美を崩す存在であった。

昭和13年(1938)
西山天王山、長岡天神周辺

現在の西山天王山、長岡天神駅付近の地図だが、南側に位置する西山天王山駅は平成25年の開業であるため記されていない。また、国鉄東海道本線の最寄り駅は現在、長岡京駅であるが、この当時は神足(こうたり)駅であった。地図上に見える乙訓郡には、新神足村があったが、昭和24年に乙訓村、海印寺村と合併して、長岡町が誕生。昭和47年に市制を施行し、長岡京市となった。この地図で目立つのは、長岡天神駅の南東に見える長岡競馬場である。この競馬場は昭和32年に廃止となり、跡地は学校や団地となっている。駅名の由来となった長岡天満宮は駅の西側、八條ヶ池の西側に広がっている。

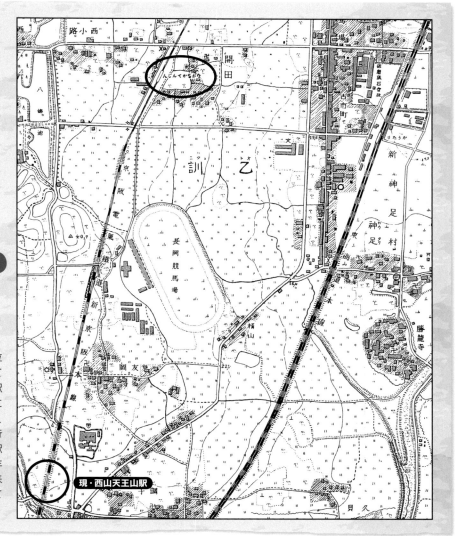

現・西山天王山駅

にしむこう、ひがしむこう、らくさいぐち

西向日、東向日、洛西口

西向日：開業年▶昭和3（1928）年11月1日　所在地▶京都府向日市上植野町南開23－1　ホーム▶2面2線（地上駅）　乗降人数▶11,920人　キロ程▶33.6km（十三起点）
東向日：開業年▶昭和3（1928）年11月1日　所在地▶京都府向日市寺戸町小佃5－2　ホーム▶2面2線（地上駅）　乗降人数▶15,947人　キロ程▶35.0km（十三起点）
洛西口：開業年▶平成15（2003）年3月16日　所在地▶京都市西京区川島六ノ坪町　ホーム▶2面2線（高架駅）　乗降人数▶7,827人　キロ程▶36.3km（十三起点）

向日市内に西向日、東向日駅の2駅。東向日駅はJR向日町駅と連絡
洛西口駅は洛西ニュータウンの玄関口。かつては物集女駅があった

　現在は京都市、大阪市のベッドタウンとなっている向日市には、西向日、東向日の2駅が置かれている。JR東海道本線の向日町駅と連絡しているのは、北側の東向日駅で、向日市役所はこの駅が最寄り駅である。JR駅名でわかるように、このあたりは、市制施行前には「向日町」と呼ばれていた。昭和3（1928）年11月に開業した新京阪鉄道時代は、西向日町、東向日町駅であり、市制が敷かれて向日市となった昭和47（1972）年10月にそれぞれ、現駅名に改称している。

　西向日駅は、新京阪鉄道時代にこの駅から分岐し、伏見・山科経由で滋賀県大津市に向かう新線の計画があった場所である。そのため、相対式2面2線のホーム幅員は広くなっている。駅の北西には、地名の由来となった向日神社が存在し、北側には向日町

競輪場もある。また、この駅から東向日駅にかけてのJR線沿いには、JR吹田総合車両所京都支所があり、特急「サンダーバード」「はまかぜ」などの車両が配置されている。

　東向日駅は、相対式ホーム2面2線を有する地上駅で、JR向日町駅は約500メートル東に位置する。この駅からは、レース開催時に向日町競輪場に向かう無料バスが運行されている。

　洛西口駅は、平成15（2003）年3月に開業した新しい駅である。駅の西側には、昭和49年から入居が始まった大規模計画住宅団地「洛西ニュータウン」が存在する。駅開業の半世紀前、この付近には一時、物集女（もずめ）駅が置かれていた。昭和21年2月に開業したが、昭和23年3月に廃止された。

COLUMN　　　　　　　　　　　　　　　　　　　　　　　　　　市町史に登場する阪急電鉄③

『長岡京市史より』

　明治初期に、新神足村に省線（現JR）の線路が敷設され東海道線が走るようになったが、最寄り駅は向日町の向日町駅と大山崎村の山崎駅しかなく、この状況は大正期になっても変わらなかった。当時の公共交通機関は、1908（明治41）年に新神足村に開業した洛西馬車組合が、8人乗り6車両で向日町駅を起点として、長岡天満宮・光明寺・柳谷観音などへ営業しているのみであった（「日出新聞」明治41年3月2日付）。したがって、古くからの観光地を抱え、さらに迅速な輸送が要求される竹の子の生産地である長岡3ヵ村にとって、鉄道の駅を設置することは長年の悲願であった。

　この地域に電気鉄道を敷設する計画が資料上から確認されるのは、大正中期からである。京阪電気鉄道株式会社が1906（明治39）年に設立され、大阪から淀川左岸を経由して京都の五条大橋までの電気鉄道を1910年に開通させていた。同社は大正期になると、淀川右岸を経由して大阪・京都を結ぶ計画をたてるようになる。1919（大正8）年7月21日、乙訓郡大山崎村から京都市四条大宮までの免許が与えられ、同年9月26日に軌道敷設準備のために、海印寺村への立ち入り測量を京都府知事に申請している（京都府庁文書39号）。しかし、この計画によると、海印寺村は京都と結ばれるのみで、大阪との連絡がどうなるのか明示されていない。

　1922（大正11）年に、長岡3ヵ村を経由して大阪・京都間を結ぶ計画があったことは明らかである。同年9月22日に京阪電鉄は、電気鉄道敷設のために長岡3ヵ村をはじめ、大山崎村や紀伊郡吉祥院村、葛野郡桂村・西院村、京都市下京区などへの土地立入り測量を、京都府知事から許可されている（京都府庁文書44号）。さらに、同年10月には大阪・京都を淀川右岸経由で結ぶ電気鉄道の免許が与えられ、1925（大正14）年4月17日に、大阪市東成区城北町から山崎、長岡天神横を経由して京都市の四条大宮にいたる鉄道敷設を資本金2500万円の計画で京都府に申請している（「日出新聞」大正14年4月18日付）。この路線のうち京都から淡路（大阪市東淀川区）にいたる部分が現在の阪急電鉄京都線に相当するものである。なお、京阪電鉄などの資本は、この路線の敷設・営業の

ために1922年6月28日、新京阪鉄道株式会社を設立させている。
　　（中略）

　鉄道免許が与えられた京都電燈の洛西線は、新京阪の実施予定線と平行して走る区間が大部分を占めており、新京阪鉄道と京都電燈洛西線との競合関係が問題となった。そこで新京阪は、1927（昭和2）年5月、京都電燈に対して洛西線免許の譲渡を申し入れた。いまだ洛西線の工事に着手しておらず工事施行許可の申請中であった京都電燈では、同年7月8日の臨時株主総会において譲渡を決議し、用地費12万円余りを含む19万9575円で洛西線を新京阪に譲渡することとなった。

　同年8月鉄道省に対して、洛西線の権利義務を京都電燈が新京阪鉄道に譲渡することを申請しているが、それによると「同一計画ノ基ニ経営スルコトハ自他共ニ利スル所多大」と述べている（京都府庁文書54号）。

　同年10月13日付で洛西線免許の譲渡を受けた新京阪では、1928（昭和3）年3月15日鉄道省に対して、洛西線の路線変更を申請した。この変更は、新京阪と平行して走る部分を除き、葛野郡桂村から松尾村にいたる路線と、新神足村から海印寺村にいたる路線の2路線とするものであった（京都府庁文書55号）。前者は同年11月から営業が開始され、現在阪急電鉄嵐山線となっているが、後者はついに建設されなかった。

　以上のような紆余曲折を経て、現在の阪急京都線は敷設され、御大典にあわせて1928（昭和3）年11月1日から、京都の西院と大阪の天神橋6丁目を結ぶ営業が開始された。この新京阪の開通によって、大阪・京都が省線や京阪と比較して14〜20分短縮されて56分で結ばれることとなり、新神足村にも長岡天神駅が設置された（「日出新聞」昭和3年10月31日付）。また、新京阪の終点は、1931（昭和6）年に西院から四条大宮に延長された。なお、新京阪電気鉄道株式会社は、建設費がかさんだこともあって1930年に京阪電気鉄道株式会社と合併し、1943（昭和18）年には国策にもとづいて阪神急行電気鉄道株式会社と合併して、京阪神急行電気鉄道株式会社となった。

京都線 ▼ 西向日・東向日・洛西口

昭和42年(1967)

東向日駅の駅名板。阪急の駅名版には中央はその駅の駅名が、そしてその両側に、両側の駅名が表記され手いたがこの当時の駅名板は両側の駅名を表記する間が矢印などではなく人の手のデザインが使用されているのが特徴であった。

撮影：中西進一郎

昭和42年(1967)

東向日駅を通過する京都線の特急車2800系の6連車。2800系は2300系の2扉クロスシートで登場した車両であった。この当時はまだ特急車であっても非冷房時代で、屋根回りがすっきりとしているのが2800系などの特徴であった。

撮影：林嶢

昭和41年(1966)

東向日～桂間を走る阪急の6連。当時はこの区間の宅地開発が始まったばかりであったが、現在では平成15年には洛西口駅も開業し、変貌を遂げている。

撮影：林嶢

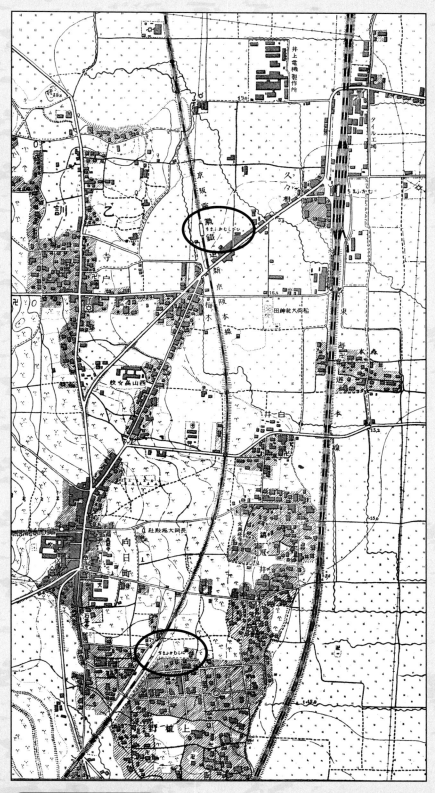

昭和13年(1938) 西向日、東向日、洛西口周辺

地図上には、京阪神急行電鉄（現・阪急）京都線に西向日町（現・西向日）、東向日町（現・東向日）の両駅、国鉄東海道本線に向日町駅が存在している。駅名が示す通り、この当時は、乙訓郡向日町であり、昭和47年に向日市となっている。その後、北側に阪急の洛西口駅、JRの桂川駅が誕生し、東向日（阪急）、向日町（JR）駅と同様に連絡可能な駅となっている。地図の下（南）側、西向日町駅の北には「長岡大極殿址」の文字が見える。ここは平安京の前に都が置かれた長岡宮跡で、付近には大極殿通も存在する。この北にある（私立）西山高等学校は現在、京都西山高校となっている。

73

かつら
桂

桂：開業年▶昭和3（1928）年11月1日　　所在地▶京都市西京区川島北裏町97－2　　ホーム▶3面6線（地上駅／橋上駅）　　乗降人数▶51,140人　　キロ程▶38.0km（十三起点）

昭和3年に京都・嵐山線が開通し、桂駅が両線の分岐点となる
世界に知られる名園と建築、江戸時代に建造された桂離宮の最寄り駅

　特急、快速特急を含めて全列車が停車する桂駅。島式3面6線を有する地上駅であり、昭和60（1985）年に完成した橋上駅舎をもつ。現在は、京都線と嵐山線のホームは分かれているが、改築前は京都線の上下ホームの間に嵐山線のホームが挟まれる構造だった。

　桂駅の開業は、昭和3（1928）年11月である。1日に新京阪鉄道の高槻町（現・高槻市）〜京都西院（現・西院）間が開通し、中間駅となった。その8日後の9日には、桂〜嵐山間の嵐山線が開通し、連絡駅となる。駅に隣接して、京都線の車両基地、桂車庫が置かれている。駅の東側には、旧6・7番ホームの跡地を利用した、駅ビル「MEW阪急桂」がある。

　1号線は嵐山線、2・3号線は京都線の上り列車、4・5号線は京都線の下り列車が使用、上り、下りともに隣接するホームで、特急と準急の乗り換えが可能である。また、1号線の隣のC号線は桂車庫に直通しており。河原町方面への始発列車が使うほか、京都線から嵐山線への直通列車が運行される際にも使用される。京都線、嵐山線のホーム間の連絡は橋上駅舎とともに地下通路でも行うことができる。

　この桂の地名、駅名を有名にしているのが、17世紀に建てられた桂離宮である。桂川のほとりにあり、回遊式の日本庭園と書院造りを基調とした和風建築が有名である。17世紀に八条宮家（桂宮家）の別荘として造営されたもので、参観には事前申し込みが必要となる。

昭和44年(1969)

新京阪鉄道が開業時に準備をした電気機関車で登場時は1から3号と附番されていた。後に2000系改形式後、昭和30年代後半に4300系に再改形式されている。昭和30年代に1両が廃車、残った2両も昭和50年代から60年代にかけて引退している。
撮影：和田栄六

昭和34年(1959) 撮影:中西進一郎

桂駅から分岐して走る嵐山線は、開通当初は全線複線で開業していた。しかし、戦時下の鉄材供出で単線化が行われてしまったが、中間駅などは複線行き違い施設がそのまま残っている。現在も嵐山線は単線のままである。

昭和38年(1963) 撮影:山本雅夫

桂駅に停車するデロ10形は京都線の支線使用として主に千里線(当時の千里山線)に投入された小型木造電車で、当時すでに全鋼の車両も新造されていたが、小型であったために木造車で新造されている。

昭和44年(1969) 撮影:和田栄六

車庫で休む電動貨車4501系。新京阪鉄道が貨物輸送のために準備した有害貨車タイプの電動貨車で、貨物輸送が無くなると事故などが起こった時の救援車として車庫で準備をしていた。阪急の電動貨車は黒色に塗装されているのが特徴であった。

昭和43年(1968) 撮影:藤山侃司

新京阪鉄道が京都線開業時に準備したデイ100形末期の姿。デイ100は制御車のフイを含めて両運転台車両で登場したいが、戦後に乗降数を確保するために一部の車両では運転台が撤去され客室の延長工事が行われた車両もあった。

昭和34年(1959) 撮影:中西進一郎

新京阪鉄道が開業時に準備した電気機関車であった2000系。後に神戸線に2000系が登場すると電気機関車は4300系に改形式されている。台車は電気機関車らしくない大型のアーチバー台車が特徴であった。

昭和30年(1955) 提供:阪急電鉄

現在は特急停車駅となっている桂駅だが、この頃は京都線、嵐山線ともに沿線住宅地の開発前で、駅舎も小ぢんまりとしたものだった。

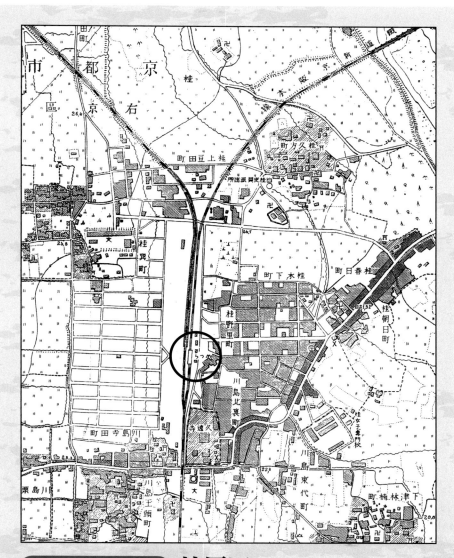

昭和13年(1938) 桂周辺

この当時、京阪電鉄の新京阪本線と嵐山支線の分岐点だった桂駅。古くから、上桂村、下桂村などが存在し、明治維新後は葛野郡に桂村があったが、昭和6年に京都市へ編入され、右京区の一部となった(その後、西京区が分区)。この地図では、駅の西側に白い部分が見えるが、現在は桂車庫として使用されている。その西側に見える「文」の地図記号は、現在の京都市立桂小学校である。反対(東)側には、伝教大師最澄が創建した久遠寺の境内が広がり、現在は本願寺西山別院と呼ばれている。また、駅の北東には、八条宮に別邸に由来する「桂離宮」が存在し、桂吏員派出所が置かれていた。

にしきょうごく、さいいん

西京極、西院

西京極：開業年▶昭和3(1928)年11月1日　所在地▶京都市右京区西京極池田町2　ホーム▶2面2線（高架駅）　乗降人数▶18,376人　キロ程▶40.1km（十三起点）
西院：開業年▶昭和3(1928)年11月1日　所在地▶京都市右京区西院高山寺町38−1　ホーム▶相対式2面2線（地下駅）　乗降人数▶40,752人　キロ程▶41.9km（十三起点）

平安京の西端だった「西京極」、京都市総合運動公園の最寄り駅
新京阪鉄道時代の終着駅だった「西院」。京福嵐山本線の西院駅と連絡

　昭和3(1928)年11月に開業した西京極駅は、京都市西京極総合運動公園の最寄り駅として、大きな役割を果してきた。「西京極」の地名、駅名は、市内中心部の「新京極」に対する地名で、「西」の平安「京」のの「極（端）」を意味した。その後は農地に変わり、長く葛野郡京極村だったが、新京阪の駅が置かれる頃から徐々に住宅が増加し、昭和6年に京都市に編入、右京区の一部となった。

　駅の構造は築堤上に設けられた高架駅で、相対式2面2線のホームを有している。昭和63(1988)年、京都国体開催に合わせて駅舎が改築された。

　次の西院駅は地下駅であり、かつては市電、トロリーバスが走る西大路四条交差点の地下にあった。もっとも、西院駅の開業は、昭和3年11月の新京阪鉄道の京都延伸時で、地上駅の京都西院駅として開業している。その3年後、昭和6年3月、京阪四条（現・大宮）駅への延伸時に地下駅に変わり、駅名を「西院」に改称している。駅の構造は、相対式ホーム2面2線である。

　この「西院」の地名の由来には諸説があり、淳和天皇の離宮である「淳和院（西院）」や「佐井（さい）通り」、また「賽（西院）の河原」とになどがある。明治43(1910)年に開業した嵐山電車軌道（現・京福嵐山本線）は同じく西院駅を置いたが、読み方「さいいん」ではなく「さい」である。

　地上で連絡する京福嵐山本線の駅とは少し距離があるが、新しい地下通路で結ぶ駅舎の改築計画が既に発表されている。現在の駅構内はレトロな雰囲気が残されており、土木学会選奨土木遺産に指定されている。

昭和3年(1928)

西院駅地上駅ホーム時代の風景。仮駅で開業した地上駅時代の西院駅ホームはホーム自体が仮ホームだったようで、木造の簡易的なホームであった。しかし、京都一大阪間を結ぶ高速鉄道の終点らしく立派な駅構造になっていた。
提供：朝日新聞社

京都線 ▼ 西京極・西院

昭和3年(1928)

桂川を渡るデイ100形。阪急京都線は元々京阪電車の傍系会社であった新京阪鉄道が開業した路線。カーブが多かった京阪本線の線路敷設状況を反省して、淀川の北側に直線区間を多くつくり高速で走れるように設計開業したのが新京阪鉄道であった。

河原町側の地下線を出てきたデイ100形。この当時はまだ登場時のスタイルを残していた時代で、屋根回りがまだ原型に近い状態であった。ベンチレーターがまだお椀側ベンチレーターで、ひき通しの母線、ジャンパ栓も屋根の上にあった。

提供：朝日新聞社

昭和27年(1952)

西京極付近の田畑の中を走るデイ100形2連。末期の頃は京都側にパンタグラフが来るようになっていたが、この頃はまだ大阪側にもパンタグラフが搭載されたデイ100形があった。

撮影：高橋 弘

昭和27年(1952)

撮影：高橋 弘

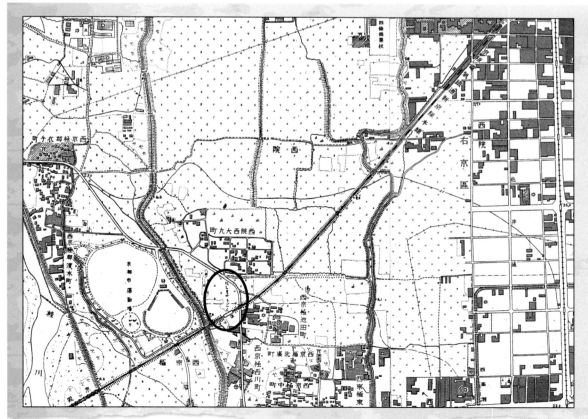

昭和13年(1938)

西京極、西院付近

地図の右側に見える路面電車（京都市電）が走る道路が西大路通りで、四条通りとの交差点である西院に、新京阪線（現・阪急京都線）の西院駅と、京福嵐山本線の西院（さい）駅が置かれている。新京阪線はこの駅の手前から地下に入り、京都市街では地下を走ることとなる。この当時、西大路通りの西側には人家は少なく、農地が広がっていた。西院駅の西側に見える（京都市立）四條商業校は、後に廃校となっている。西京極駅の北西には「京都市運動場」が広がっている。現在は、京都市西京極総合運動公園に変わり、野球場、陸上運動場兼球技場などがある。

大宮、烏丸

おおみや、からすま

大宮：開業年▶昭和6（1931）年3月31日　所在地▶京都市中京区四条通大宮西入ル錦大宮町127　ホーム▶2面2線（地上駅）　乗降人数▶27,493人　キロ程▶43.3km（十三起点）
烏丸：開業年▶昭和38（1963）年6月17日　所在地▶京都市下京区四条通烏丸東入ル長刀鉾町17先　ホーム▶1面2線（地下駅）　乗降人数▶83,227人　キロ程▶44.4km（十三起点）

新京阪時代の昭和6年、大宮駅が開業。京福嵐山本線四条大宮駅と連絡 オフィス街の四条烏丸交差点に位置。市営地下鉄烏丸線、四条駅と接続

　地上駅の京都西院（現・西院）駅が起終点だった新京阪鉄道時代から、京阪傘下の新京阪線に変わり、昭和6（1931）年3月に京都地下線の西院〜京阪京都（現・大宮）間が開通した。このときに開業した京阪京都駅は、昭和18年に京阪神急行電鉄の誕生で京都駅となり、昭和38（1963）年6月の河原町駅延伸に伴い、大宮駅に駅名を改称した。所在地は四条通り、大宮通りが交わる四条大宮交差点の地下で、「四条大宮」の名で呼ばれることも多い。なお、地上に存在する京福嵐山本線の始発駅は四条大宮駅だが、この駅も開業当初は京都駅を名乗っていた。
　駅の構造は相対式ホーム2面2線で、改札口は東西の2か所だったが、平成26（2014）年に北改札が開設された。駅ビルの大宮阪急ビルは、交差点の北東角にあり、南西角には京福の四条大宮駅の入る日本生命四条大宮ビルがある。かつては特急の停車駅だったが、現在は特急、快速特急は通過し、通勤特急、快速急行などは停車する。
　烏丸駅は地下区間の大宮〜河原町間が開通した、昭和38年6月に開業している。その後、昭和56年5月に京都市営地下鉄烏丸線の北大路〜京都間が開業して接続駅となった。駅の所在地は、四条通りと烏丸通りの交差点地下で、東西の四条通り地下を走る阪急線は「烏丸」、南北の烏丸通り地下を走る市営地下鉄烏丸線が「四条」を駅名に採用した形である。
　駅の構造は島式ホーム1面2線（地下2階）で、地下1階の東西に改札口が設けられている。西改札では市営地下鉄烏丸線の四条駅と連絡、大丸京都店には東改札の利用が便利である。京都線で運行されている快速特急、特急、通勤特急など、すべての電車がこの駅に停車する。

昭和6年（1931）

京都線の地下線化完成時に同時開業した大宮駅駅舎。四条大宮交差点北東角に建設された駅舎は現在も同じところに駅舎はあるが建物の外見は変わっている。当時の大宮駅前は市電が行きかうにぎやかな所で交通の便もよかったところであった。

提供：朝日新聞社

京都線 ▶ 大宮・烏丸

昭和6年(1931)

京都線の西院〜大宮(当時は京阪京都)間の地下線化が完成した当時の風景。撮影駅は不明であるが、駅の形状からみて西院駅かも知れない。現在の西院駅も駅のホーム部分は地下線では珍しくバラストがまかれている普通道床が使用されている。

昭和40年(1965)

四条烏丸交差点の地下に置かれている阪急の烏丸駅。交差点の周囲には、都市銀行の支店が多く建っており、各ビルの1階部分に地上出入り口が設けられていた。

昭和59年(1984)

阪急京都線の地下線開通時の終点であった大宮駅。大宮駅までの開通時は京都駅と呼ばれていたようで、特急行板の行先には大阪(天神橋)〜京都と書かれていた。昭和38年の河原町延伸で途中駅となってしまったが、現在もラッシュ時には通勤特急が停車する駅である。

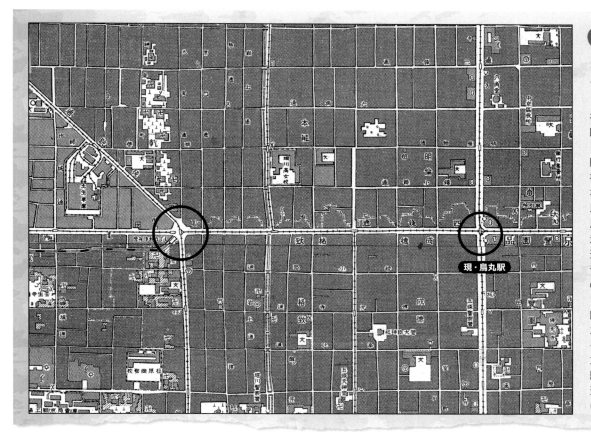

昭和13年 (1938)
大宮、烏丸周辺

地図の中央を東西に走るのは、祇園方面からの京都市電が走る四条通りで、左(西)側の大宮通り、後院通りの交差点には、新京阪線の京阪京都(現・大宮)駅、京福嵐山本線の四条大宮駅が置かれている。東側の堀川通り(四条以北)、西洞院通り(四条以南)、烏丸通りには京都市電の路線が走り、四条大宮交差点からは後院通りを通って、壬生車庫に向かう千本線があった。一方、大宮以西の四条通りには、昭和7年に開業した市営トロリーバスが西大路四条(西院)交差点まで走っていた。四条堀川交差点の北側に見える、堀川高女校は、現在の京都市立堀川高校である。後に京都線の駅が置かれる四条烏丸交差点付近には、銀行を示す地図記号が多いことがわかる。

河原町

かわらまち

河原町：開業年▶昭和38（1963）年6月17日　所在地▶京都市下京区四条通河原町西入ル真町52先　ホーム▶1面3線（地下駅）　乗降人数▶67,533人　キロ程▶45.3km（十三起点）

昭和38年、大宮～河原町間の地下線延伸により、京都線の起終点に
鴨川に架かる四条大橋を渡り、同じ地下駅の京阪・祇園四条駅と連絡

　阪急京都線の前身、新京阪鉄道は大正15（1926）年9月、京都市との間で（京都）西院～四条河原町間の地下線の敷設契約を結んでいた。しかし、京阪との合併後の昭和6（1931）年3月に西院～京阪京都（現・大宮）間が開通したものの、現在の起終点駅である河原町駅への延伸実現は、昭和38（1963）年6月まで待たねばならなかった。

　この河原町駅は、京都のメインストリートである四条通、河原町通りが交わる交差点地下に置かれている。南西角には高島屋京都店、南東角には京都マルイが存在し、北東角にはコトクロス阪急河原町のビルがあり、ブックファースト京都店が入っている。駅の東側には先斗町、木屋町の飲食街があり、西側には京都を代表するアーケード商店街、新京極が存在する。この新京極は古くは劇場、映画館が建ち並ぶ京都一の繁華街だった。

　河原町駅の地上出入口は、四条通りの東側、木屋町通り付近の南北にもあり、鴨川に架かる四条大橋を渡れば、同じく地下駅である京阪の祇園四条駅と連絡している。また、この地下通路は反対（西）側の烏丸駅まで続いており、高島屋京都店、大丸京都店などの地下入口と結ばれてはいるものの、地下商店街は設けられなかった。一説には、地元商店街の反対があったといわれる。

　地下1階の改札口は2か所（東・中央）あり、地下2階のホームは島式1面3線である。通常は1・3番ホームが使われ、1番線が特急用、3番線が準急用である。2号線は通常は使われておらず、朝の一部普通列車に使用されるほか、土曜・休日には快速特急「京トレイン」の発着に使われている。

昭和38年（1963）

阪急京都線の京都河原町延伸完成祝賀列車の2300系。昭和38年に現在の大宮駅から2駅延伸開業した阪急京都線は念願の繁華街の中に駅を作ることに成功した。また河原町駅は京阪の祇園四条駅とも近く、京阪間ライバルとなった。
撮影：高橋弘

昭和58年(1983)

高瀬川が流れる木屋町通りに隣接し、四条通り南側に開かれている河原町駅の地上出入口。祇園・四条京阪方面に向かう窓口であり、南北の出入口ともに利用者は多い。
撮影:高橋 弘

昭和46年(1971)

阪急京都線の終点河原町駅に停車するデイ100系。阪急河原町駅は、大宮駅から昭和38年に延伸工事で開通した路線で、途中駅に烏丸駅が設けられた。西院駅〜大宮駅は地下駅のため、延伸工事区間は四条通りの地下に建設された。
撮影:高橋 弘

昭和初期

明治45年の四条線に続いて、大正15年には河原町線の京都市電路線が開業した。市電の開通に合わせて、道路が拡幅されている。奥に続くのが四条通りで、東華菜館やレストラン菊水のビルが見える。
所蔵:生田 誠

京都線 ▼ 河原町

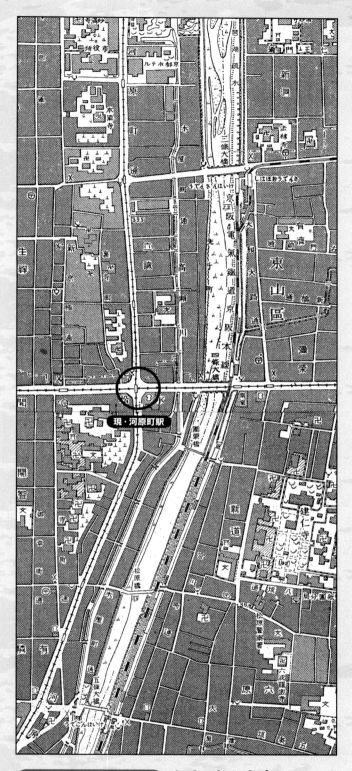

昭和13年(1938) 河原町周辺

　四条河原町交差点に京都線の駅が誕生するのは昭和38年であり、この当時は京都市電の四条線、河原町線が交差していた。鴨川を渡った東側では、京阪線と市電四条線が平面交差し、四条(現・祇園四条)駅が置かれている。この北側には、京阪線の三条駅、京津線の三条大橋駅があり、両線を結ぶ連絡線も見える。また、河原町通りと三条通りの交差点北側には、京都市役所と京都ホテルが河原町通りを挟んで建っている。河原町通りの西側、寺町通り、新京極通りの東側には、本能寺をはじめとする多くの寺院が集まっている。右下(南東)には、京阪線の五条(現・清水五条)駅がある。

てんじんばしすじろくちょうめ
天神橋筋六丁目

天神橋筋六丁目：開業年▶大正14（1925）年10月15日　**所在地**▶大阪市北区天神橋6丁目　**ホーム**▶2面4線（地下駅）　**乗降人数**▶16,390人　**キロ程**▶0.0km（天神橋筋六丁目起点）

新京阪鉄道時代に起終点駅の「天神橋」、地元では「天六」の愛称
昭和44年、大坂市営地下鉄堺筋線開通時に地下駅に移転、駅名を改称

　現在は大阪市営地下鉄堺筋線、谷町線と連絡する地下駅となっている、天神橋筋六丁目駅。昭和44（1969）年12月までは地上駅であり、駅名も「天神橋」を名乗っていた。

　この天神橋駅は大正14（1925）年10月、新京阪鉄道が開いた駅である。当時、新京阪鉄道が北大阪電気鉄道から受け継いだのは十三～千里山間の路線で、この天神橋駅を大阪側のターミナル駅とする計画があった。大正15年7月、待望の7階建ての新京阪ビル（後に阪急天六ビル）が誕生し、新京阪鉄道の本社が置かれた。当時のホームは櫛形5面4線で、駅ビルの2階部分にあり、日本初の構造として話題になった。

　現在の天神橋筋六丁目駅は、大阪市交通局との共同使用駅で、堺筋線、谷町線とも島式ホーム1面2線をもつ構造となっている。阪急線と地下鉄堺筋線では、相互直通運転が行われている。旧駅ビルは、天六阪急ビルとして使用されてきたが、平成22年に解体された。

　2本の地下鉄線の存在からわかるように、この駅は天神橋筋と都島通の交差点の地下に置かれている。南北に走る天神橋筋は、日本一長い商店街で有名な天神橋筋商店街で有名である。南北約2.6キロの間に約600の多様な店舗がひしめきあい、常に買い物客で賑っており、海外からの観光客も訪れる。

天神橋筋六丁目交差点の北東に位置していた、新京阪時代の天神橋駅。地上7階建てのビルで、新京阪の本社が入っていた。屋上に掲げられた「新京阪電車」の看板は、後に「京阪電車」に替えられた。
提供：朝日新聞社

千里線 ▼ 天神橋筋六丁目

昭和初期

新京阪鉄道から京阪傘下の新京阪線の起終点駅に変わり、看板が一新した天神橋駅。当時は、梅田に並ぶキタのターミナルとして、大阪市電、阪神北大阪線との乗り換え客も多数いた。
所蔵：生田誠

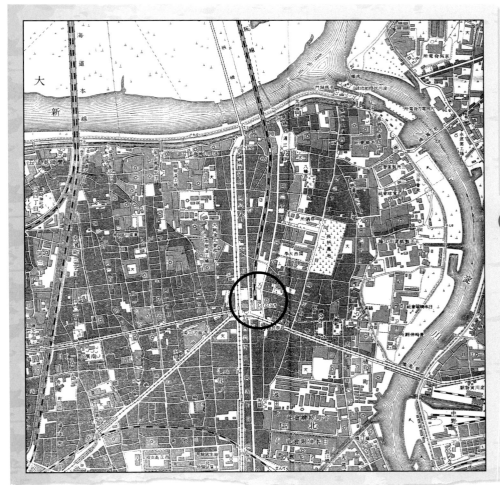

平成8年（1996）

大阪市交通局堺筋線の北浜駅に停車する3300系。堺筋線乗り入れ車両として大阪市交通局60系と同様の車体寸法となり、この車両よりあとに登場する京都線の車両は宝塚線・神戸線との車両限界が異なるようになった。
撮影：岩堀春夫

昭和4年（1929）

天神橋筋六丁目周辺

　この当時は、新京阪線の起終点駅だったのが天神橋（現・天神橋筋六丁目）駅である。開業当時は仮駅だったが、間もなく地上7階の駅ビルが完成し、新京阪の本社も入っていた。駅前は大阪市電の路線が集まる、梅田と並ぶ「キタ」のターミナルで、阪神の北大阪線で野田、中津方面とも結ばれていた。駅の北東には淀川（大川）が流れ、長柄橋、都島橋が架かっている。ともに歴史の古い橋だが、特に長柄橋は大阪を代表する古橋だった。この地図の淀川南詰付近には、昭和19年に廃止された長柄駅も記されている。駅の東、都島通りの北側には、国分寺、淀川天神社、鶴満寺が存在する。この国分寺は、長柄寺を起源とする摂津国分寺である。

くにじま、しもしんじょう
柴島、下新庄

柴島：開業年▶大正14（1925）年10月15日　所在地▶大阪市東淀川区柴島2−12−3　ホーム▶2面2線（地上駅）　乗降人数▶2,947人　キロ程▶2.2km（天神橋筋六丁目起点）
下新庄：開業年▶大正10（1921）年4月1日　所在地▶大阪市東淀川区下新庄5−1−21　ホーム▶2面2線（地上駅）　乗降人数▶9,257人　キロ程▶4.4km（天神橋筋六丁目起点）

東淀川区を南北に走る千里線に柴島、下新庄の2駅が存在する
柴島駅は大阪市水道局柴島浄水場を挟み、京都線崇禅寺駅と至近距離

　東淀川区内を走る千里線で、京都線との連絡駅である淡路駅を挟んで存在するのが柴島駅と下新庄駅である。下新庄駅は北大阪電気鉄道時代の大正10（1921）年4月、柴島駅は新京阪鉄道時代の大正14年10月の開業である。

　阪急の駅の中でも、難読の地名として知られる柴島駅。東側には淀川が流れ、西側の大阪市水道局の柴島浄水場、大阪府立柴島高校を挟んで、京都線の崇禅寺駅とは目と鼻の先の距離に位置する。駅の構造は相対式ホーム2面2線を有する地上駅である。

　この駅の南側、淀川には長柄橋が架けられているが、柴島駅と天神橋筋六丁目駅との間には一時、長柄駅が置かれていた歴史

がある。柴島駅とともに大正14年10月に開業したが、昭和19（1944）年2月に廃止された。

　淡路駅を出た千里線が東海道新幹線のガードをくぐり、間もなく到着するのが下新庄駅であり、開業当時は水田地帯であった。駅の構造は相対式ホーム2面2線をもつ地上駅である。同じ東淀川区内の上新庄駅が京都線に存在するが、直線距離で約1キロ離れている。この下新庄駅付近では現在、連続立体交差事業が続けられているが、計画はかなり遅れており、平成39（2027）年度の完成を目指している。

昭和47年（1972）

下新庄〜吹田間の神崎川を渡る100形の北千里行き。橋脚には古い東海道本線だったころの名残がある。
撮影：岩堀春夫

昭和32年(1957)

千里線 ▼ 柴島・下新庄

撮影：高橋 弘

千里山線（現・千里線）を走る700系2連。700系の登場時は2連で、パンタグラフが付いた700系が電動車、もう1両の750系が制御車となっていた。しかし1300系改造の750系中間車が挿入されると先頭車は両側とも電動車に改造されている。

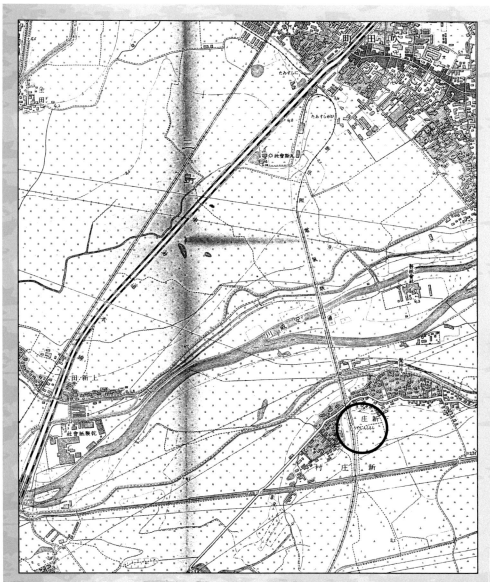

大正10年（1921）
下新庄周辺

　淡路駅から本線と分かれて北に延び、やがて国鉄東海道本線と交差する、新京阪電鉄の支線（現・阪急千里線）上に、下新庄駅が置かれている。この当時は、西成郡の新庄村で、大正14年に大阪市に編入されて、現在は東淀川区の一部となっている。なお、神崎川（安威川）の上流には同村内にあった、現・京都線の上新庄駅が存在する。この付近には、豊富な水を生かした製紙業が栄え、地図上にも複数の製紙会社が見える。現在も、上新庄駅周辺には、三島製紙吹田工場が存在している。下新庄駅の北東に見える覚林寺は、浄土真宗本願寺派の寺院である。

すいた、とよつ、かんだいまえ

吹田、豊津、関大前

吹田：開業年▶昭和39（1964）年4月10日　所在地▶大阪府吹田市西の庄町12-21　ホーム▶2面2線（地上駅）　乗降人数▶16,124人　キロ程▶6.0km（天神橋筋六丁目起点）
豊津：開業年▶大正10（1921）年4月1日　所在地▶大阪府吹田市垂水町1-1-4　ホーム▶2面2線（地上駅）　乗降人数▶13,091人　キロ程▶6.9km（天神橋筋六丁目起点）
関大前：開業年▶昭和39（1964）年4月10日　所在地▶大阪府吹田市山手町3-8-19　ホーム▶2面2線（地上駅）　乗降人数▶34,858人　キロ程▶7.8km（天神橋筋六丁目起点）

西吹田・東吹田の2駅が統合し、昭和39年に現在の吹田駅が誕生
大正10年に豊津駅。戦後に花壇町・大学前駅を統合し関大前駅誕生

　現在は吹田市役所に隣接する最寄り駅となっている吹田駅は、大正10（1921）年4月、北大阪電気鉄道の開通時には、東吹田、西吹田の2駅に分かれていた歴史をもつ。その後、昭和18（1943）年10月、京阪神急行電鉄（現・阪急）の所属となった際に、東吹田駅が吹田駅、西吹田駅が市役所前駅に駅名を改称した。昭和39（1964）年4月、両駅が統合され、市役所前駅の場所に現在の吹田駅が誕生している。駅の構造は、相対式ホーム2面2線の地上駅である。

　一方、少し距離の離れたJR東海道本線には、明治9（1876）年8月に開業した同名の吹田駅が存在し、バス停も阪急吹田（吹田市役所前）、JR吹田（JR吹田北口）と区別されている。

　次の豊津駅は、大正10年4月の開業時には、当時の北大阪電気鉄道の終着駅であり、同年10月に千里山駅まで延長され、途中駅となっている。駅の構造は相対式ホーム2面2線をもつ地上駅である。

　昭和39年4月、「花壇町」と「大学前」の2つの駅を統合して誕生したのが、現在の関大前駅である。駅名の通り、関西大学千里山キャンパスの最寄り駅で、学生の利用者が多い駅である。駅の構造は相対式ホーム2面2線の地上駅である。

　駅統合の約半世紀前、大正10年10月の北大阪電気鉄道の延伸持には花壇前駅、大正11年には大学前駅が開業した。この花壇前駅は駅名改称を繰り返し、昭和13年に千里山遊園駅、昭和18年に千里山厚生園駅となり、昭和21年に再び千里山遊園駅、昭和25年に女子学院前駅、昭和26年に花壇町駅となっていた。

昭和30年（1955）　千里山線（現：千里線）で活躍するデロ10形。元々北大阪電気鉄道が開業した路線であった千里山線などに投入された小型木造電車で、当時本線系で活躍していたデイ100形が鋼製車体で作られたが、デロは木造で新造されている。

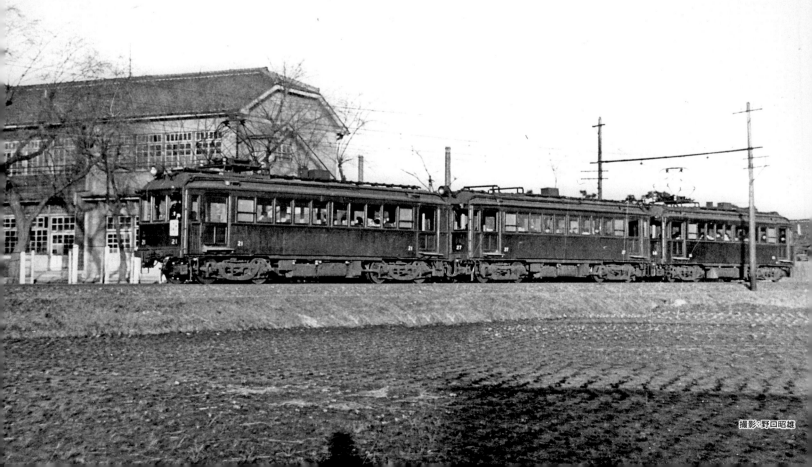

撮影：野口昭雄

千里線▶吹田・豊津・関大前

昭和48年(1973)

撮影：岩堀春夫

千里線の関大前のカーブを曲がる京都線の創業時の車両であったデイ100形。千里線は元北大阪鉄道が開業した路線で京都線より路線の規格が低い路線で新京阪鉄道になった時に小型木造電車であったデロ10形が投入された路線であった。

昭和56年(1981)

線路を挟んで、東西に地上出入り口が存在する関大前駅。朝夕の授業開始前、終了後には出入り口がかなり混雑する。
提供：阪急電鉄

COLUMN　市町史に登場する阪急電鉄④

『吹田市史』より抜粋

　阪急千里線の前身である「北大阪電鉄」は、大正10年4月1日、十三―豊津間で開業し、10月26日には千里山終点までの延長を実現したが、2年後の12年4月1日には、京阪電気鉄道（京阪電鉄）の傍系会社である新京阪鉄道に譲渡（実質的には吸収合併）されている。

　新京阪鉄道は淀川西岸に京都―大阪間の鉄道を敷設すべく大正11年6月に設立されていた会社であるが、「北大阪電鉄」の路線を手に入れたあと、14年10月15日に淡路―天神橋間を開通させ、さらに昭和3年1月16日には淡路―高槻町間の営業を開始し、同年11月1日には高槻町―西院間も開通させて初期の目的である京都―大阪間の路線を一応完成させた。昭和の御大典に間に合わせるための突貫工事であった。ちなみに、京阪・阪急両会社の統分と分割の経過ののちに現在阪急京都線となっているこの路線の相川駅は、吹田の市街地に近いこともあって開業当初は「吹田町」と名づけられている。

　翌4年9月14日になって新京阪鉄道は、千里山線を北へ延長する計画を立て、『延長線敷設免許願』を鉄道省へ出している（第7巻103）（203ページ、図6参照）。現在の津雲台2～7丁目一帯に所有していた自社の広大な住宅経営地まで電車を通し、その開発を促進するとともに沿線の宅地開発の効果もねらったものである。願書の付図によれば、新たに設けられる終点山田停留場は、現在の南千里駅から750mほど北寄り、あやめ池の北、津雲台3丁目西南隅付近に当てられていた。

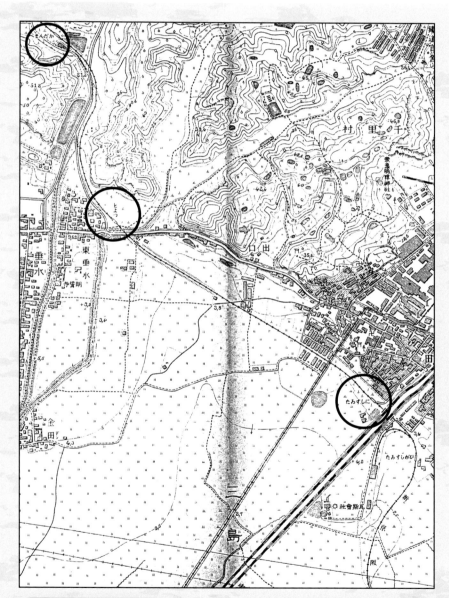

昭和4年(1929)　吹田、豊津、関大前周辺

左右にカーブを繰り返しながら、国鉄東海道本線を越えて進む新京阪鉄道支線（現・阪急千里線）の線路が見え、西吹田、東吹田、豊津、花壇前の4駅が置かれている。このうち、駅名を改称せず現在も存在するのは豊津駅のみで、東吹田、西吹田の両駅は吹田駅に統合され、西吹田駅のあった場所が現・吹田駅となっている。また、花壇前駅は関大前駅に変わっている。この当時、東吹田駅から瓦斯会社に引き込み線があったが、現在は駅、会社ともに存在しない。西吹田駅の北東に見える大きな工場は、現在のアサヒビール吹田工場である。

せんりやま、みなみせんり

千里山、南千里

千里山：開業年▶大正10（1921）年10月26日　所在地▶大阪府吹田市千里山西５−１−３　ホーム▶２面２線（地上駅）　乗降人数▶14,852人　キロ程▶8.6km（天神橋筋六丁目起点）
南千里：開業年▶昭和38（1963）年８月29日　所在地▶大阪府吹田市津雲台１−１−１　ホーム▶２面２線（高架駅）　乗降人数▶23,065人　キロ程▶8.6km（天神橋筋六丁目起点）

千里山駅は大正10年、北大阪電気鉄道の延伸で終着駅として開業
昭和38年の駅誕生時は新千里山、昭和42年に南千里駅に改称

現在の千里線を最初に建設した北大阪電気鉄道は、大正10（1921）年10月に豊津駅からこの千里山駅まで路線を延ばした。当初は終着駅だったが、新京阪線から京阪神急行電鉄（現・阪急）千里山（現・千里）線に変わった、昭和38（1963）年８月、新千里山駅まで延伸した。この駅は昭和42年３月、南千里駅と改称している。

駅名の由来である「千里山」は豊中、吹田、茨木、箕面の４市にまたがる約８キロメートル四方の広大な丘陵地である。この地には大正時代から、住宅地の開発が進められ、北大阪電気鉄道が「千里山花壇（千里山遊園地）」を開園している。この遊園地は飛行塔、子供汽車、動物園などの施設を備え、菊人形などのイベントも開催されていたが、昭和25年に廃止されている。千里山駅の構造は、相対式ホーム２面２線を有する地上駅である。

一方、千里ニュータウンの開発に伴い、昭和38年に開設されたのが新千里山（現・南千里）駅である。開業当時は終着駅であり、島式ホーム１面２線の構造で、現在の下りホームを使用していた。昭和42年の北千里駅までの延伸時に、上りホームが設置されている。その後、駅舎は改築され、現在は相対式２面２線のホームを有する高架駅となっている。

昭和32年（1957）　千里山駅に停車するデロ10形。すでに千里山線時代に住宅開発が始まり、デロ10が活躍していた頃にはすでに４両編成を組んで多くの乗客を運ぶようになっていた。

撮影：野口昭雄

昭和27年(1952)

千里山線の終点であった千里山付近を走る200形流線型電車。デロの電気部品を使って製造された200形は、その後に増備が続かず2両1編成で製造は終了してしまった。また登場時は屋根の上にはパンタグラフしかないすっきりとしてスタイルであった。

撮影：高橋 弘

昭和48年(1973)

南千里～北千里間を走る700系。戦後の京都線に登場した車両でデイ100形に続いて阪急電車としては珍しい二段窓の車両として登場している。中間車は戦時中に新造された車両を改造して3連化されていた。

撮影：岩堀春夫

COLUMN　市町史に登場する阪急電鉄⑤

『吹田市史』より抜粋

　今日の阪急千里線は、千里ニュータウンの造成と並行し、昭和38〜42年になってようやく千里山駅から北への延伸を実現しているが、右にみたように、その祖型は、実はそれよりも30年も前に京阪電鉄系資本によって画策されていたわけである。

　ただ、結局のところの計画は画餅に帰した。すなわち、鉄道省から交付された「免許状」は昭和7年10月22日を限度に工事施行認可申請の提出を義務づけていたが、10月13日、京阪電鉄は『工事施行認可申請期限延期願』を提出する結果となり、これが計画挫折への第一歩であった（第7巻104）。経済不況のため、宅地開発は一向に進捗せず、また資金の調達も思うにまかせぬというのがその理由である。大阪府知事の添えた「副申」も会社の経営状態に同情的であって、結局はこの延期願は8年3月3日に許可されている。

　しかし、許された延期限度（昭和8年10月22日）の直前になって、会社は2度目の延期願の提出を余儀なくされた（第7巻105）。その理由はほとんど前回の繰返しである。2度目ともなれば大阪府当局もいささか困惑の態であり、2度目の「副申」にも、「（上略）本鉄道ハ専ラ沿線ニ於ケル自社所有地ノ開発ヲ目的トシテ企図シタルモノナルヲ以テ、（中略）沿線住宅地ノ発展予期ノ如クナラス云々ノ理由トシ之カ延期ヲナサムトスルハ本鉄道計画ノ趣旨ニ照シ首肯シ得サル所ニ有之候（下略）」とあり、論理の矛盾を手厳しく批判している。ただ、結論的には再度延期も止むをえないとする空気が強く、鉄道省も最終的にはこの願出を受付けている。

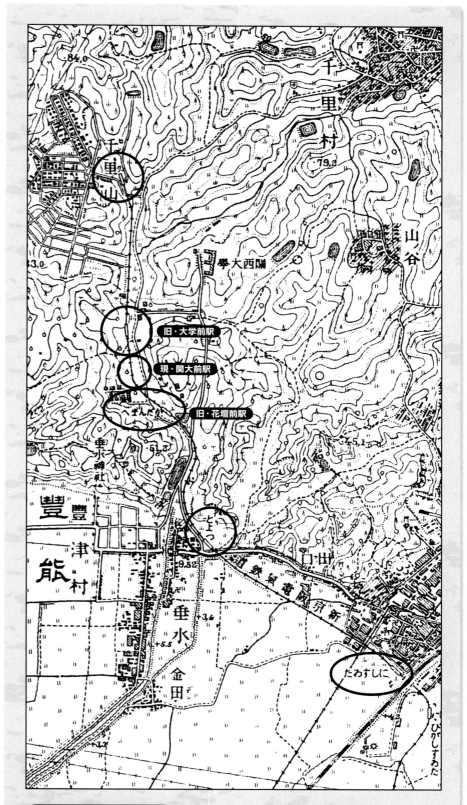

昭和2年(1927)　吹田〜千里山周辺

　大阪平野の北端を進んできた新京阪鉄道線（現・阪急京都線）は、やがて千里の丘陵地帯を縫うように北に進むことになる。この当時は地図の上（北）側に見える、千里山駅が終点だった。この千里山駅の西側には、放射状に延びる道路が見え、電鉄会社が開発してきた住宅地が広がっている。一方、反対側の南東には、移転してきた「関西大学」の文字が見える。花壇前駅と千里山駅の中間には、大正11年に大学前駅が誕生し、後に花壇前（花壇町）駅と統合されて、現在の関大前駅となった。この当時は、三島郡に千里（ちさと）村、豊能郡に豊津村が存在し、現在は吹田市の一部となっている。

やまだ、きたせんり
山田、北千里

山田：開業年▶昭和48(1973)年11月23日	所在地▶大阪府吹田市山田西4-1-1	ホーム▶2面2線(地上駅／築堤上)	乗降人数▶23,348人	キロ程▶11.6km (天神橋筋六丁目起点)
北千里：開業年▶昭和42(1967)年3月1日	所在地▶大阪府吹田市古江台4-2-D-1-101号	ホーム▶2面2線(高架駅)	乗降人数▶29,159人	キロ程▶13.6km (天神橋筋六丁目起点)

万博開催時に臨時駅だった万国博西口駅、昭和48年に山田駅が開業
北千里駅は昭和42年に開業、千里ニュータウンの北の玄関口。

千里線の終着駅は北千里駅であり、その手前には山田駅がある。しかし、昭和45(1970)年の日本万国博覧会開催時には、開催に合わせた臨時駅として、万国博西口駅が置かれていた歴史がある。この万国博西口駅は昭和44年11月から、昭和45年9月まで存在した。現在の山田駅は、この駅の南側約800メートルの場所に昭和48年11月23日に開業している。

山田駅は相対式ホーム2面2線を有する地上駅で、平成2(1990)年6月に開通した大阪モノレールの山田駅との連絡駅となっている。平成15年11月には、複合商業施設の「デュー阪急山田」がオープンし、乗り換えが便利になった。

昭和42年3月、千里線の延長で終着駅として開業したのが北千里駅である。駅の構造は相対式2面2線のホームを有する高架駅で、万博開催時のための留置線が設けられたため、頭端式のホームとはされなかった。また、さらなる延伸の計画もあったが、実現していない。

この北千里駅は、千里ニュータウンの北の玄関口であり、千里中央、粟生団地などに向かう多くの路線バス(阪急バス)が発着するバスターミナルがある。千里ニュータウンの中心で、北大阪急行電鉄、大阪モノレールの駅がある「千里中央」は、約2キロ離れた南西にある。

平成2年(1990) 千里線の北千里付近を走る3300系。この当時はまだ6両編成であったが既に冷房改造などの更新工事は完了しているのがわかる。また終点付近の北千里駅は北側に延伸工事ができるように用地買収が行われていたが延伸工事は進んでいない。

撮影：岩堀春夫

千里線 ▼ 山田・北千里

北千里駅に停車するデイ100形。千里線から淡路駅で京都線に乗り入れ梅田駅まで行く列車にはグリーンの▲が付いた行先看板が使用されていた。またデイ100形もこの頃になると列車無線が取り付けられ先頭に出れる車両も限られていた。

撮影：岩堀春夫

北千里駅に停車する梅田行きのデイ100形と大阪市交通局堺筋線乗り入れの3300系。堺筋線に乗り入れるために車掌台側上方に方向幕が設置されていた。その為標識灯は2300系から比べると外側にあった。

撮影：岩堀春夫

COLUMN　市町史に登場する阪急電鉄⑥

『吹田市史』より抜粋

昭和45年の万博期間中、阪急電鉄では、来場者の足の便をはかるため、万博会場に乗入れていた北大阪急行電鉄の特設路線と千里線とが交差する、南千里・北千里両駅の中間地点に、万博西口駅を設けた。これが48年11月23日に設置されることとなる山田駅の前身である。また、同じ万博期間中、阪急電鉄は、通常ダイヤに加えて、千里線はじまって以来の準急電車を運行させた。淡路―千里山間で下新庄、豊津の2駅を間引くだけの操作で、スピードアップをはかろうとしたものであるが、本来、路線にカーブ区間が多いこともあり、走行速度そのものには何らスピード感の感じられない準急電車であった。

千里線北千里駅に停車する大阪市交通局堺筋線乗り入れの3300系。堺筋線に乗り入れる車両は行先看板ではなく方向幕が使用されているのが特徴であった。またこの当時はまだ堺筋線が動物園前までの区間での運転であった。

撮影：岩堀春夫

千里線の万国博西口駅に停車する3300系。万国博西口駅は万博開催時のみに開業していた臨時駅で多くの万博見学者の利用駅となっていた。万博閉幕後には駅も閉鎖撤去され現在はその駅があった痕跡もなくなっている。

撮影：岩堀春夫

開業して間もない頃の北千里駅で、既にニュータウンの玄関口となるべき、立派な高架駅が誕生していた。

撮影：荻原二郎

昭和45年（1970）
山田、北千里周辺

千里丘陵を舞台とした日本万国博覧会が終了した直後に作られた地図であり、臨時駅だった万国博西口駅は廃止されている。昭和48年に開業する山田駅はまだ見えないし、大阪国際空港（伊丹空港）につながる大阪モノレールは開通していなかった。一方、中国縦貫自動車道路は既に開通しており、西側には新御堂筋（国道423号）が南北に走り、千里インターチェンジが開設されている。医学部付属病院がある、大阪大学の吹田キャンパスは既に誕生しており、その東側に茨木ゴルフ場（茨木カンツリー倶楽部）が見える。

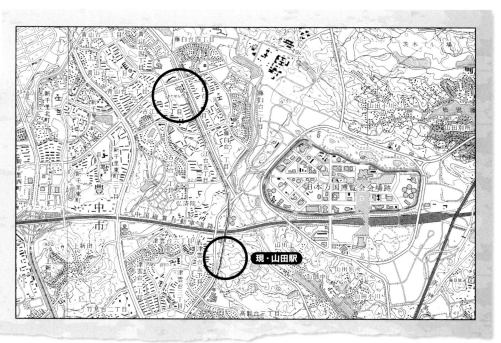

かみかつら、まつおたいしゃ

上桂、松尾大社

上桂：開業年▶昭和3（1928）年11月9日　所在地▶京都市西京区上桂宮ノ後町33-2　ホーム▶2面2線（地上駅）　乗降人数▶8,343人　キロ程▶1.4km（桂起点）
松尾大社：開業年▶昭和3（1928）11月9日　所在地▶京都市西京区嵐山宮ノ前町49　ホーム▶2面2線（地上駅）　乗降人数▶5,383人　キロ程▶2.8km（桂起点）

昭和3年開通の新京阪鉄道。嵐山線の中間駅として上桂、松尾大社駅
松尾大社駅は、平成25年に駅名を改称。駅の東側、桂川に松尾橋あり

　桂駅から京都線と分岐して、桂川の南岸を進む嵐山線には途中駅として、上桂、松尾大社の2駅が置かれている。ともに観光名所の最寄り駅だが、近年は住宅地も増加し、通勤、通学客も増えている。

　上桂駅は昭和3（1928）年11月の開業である。この駅の周辺には、世界遺産に指定されている西芳寺（苔寺）のほか、上桂御霊神社、長恩寺など神社仏閣も多い。駅の構造は相対式ホーム2面2線をもつ地上駅である。

　松尾大社駅は平成25（2013）年12月に現在の駅名となった。開業は上桂駅と同じ昭和3年11月で、当時の駅名は「松尾神社前」だった。戦後の昭和23年1月に松尾駅となり、半世紀以上たって現在の「松尾大社」に改称されている。これは、駅名の由来となる古社の松尾大社が、かつては松尾神社で、昭和25（1950）年に松尾大社と改称したことによる。駅の構造は、相対式2面2線のホームをもつ地上駅である。

　松尾大社は、駅の西側に鎮座しているが、反対（東）側には桂川に架かる松尾橋が存在する。この松尾橋は、明治末期に架橋された橋で、現在は右京区と西京区を結ぶ橋となっている。この松尾橋といえば、昭和44年まで走っていた京都市営トロリーバスを思い出される方もいるだろう。昭和37年に梅津（高畝町）から延伸してきた梅津線だが、わずか7年で廃止され、市バスに変わった歴史がある。

昭和36年（1961）　嵐山線の上桂付近を走る200形流線電車。この時点ではすでに更新工事が行われており、屋根にはベンチレーターが取り付けられ、電動車の台車はKS-1に交換されているのがわかる。

撮影：高橋弘

千里線 ▶ 上桂・松尾大社

嵐山線で活躍する700系3連。桂駅から分岐していた嵐山線は、観光シーズンを除いては線内での折り返し電車での運行で、この当時は3連の電車で十分の乗客数しかなかった。その後現在は4連の6300系が活躍している。なお、嵐山線は複線で作られたものの戦時中の金属供出で単線になった。架線柱は複線時代のままである。

嵐山線で活躍する210形。電動貨車などの電気部品を使って製造された車両で、宝塚線を走った610系とはいとこの関係であった。しかし610系は量産されたが、210形は3両1編成のみで製造が打ち切られた。

810系のさよなら運転が昭和60年3月に行われ、神宝線系の車両が京都線系(嵐山線)を走る「珍事」が起きた。写真は松尾(現・松尾大社)のホームで、列車は「貸切」と「さよなら810系」のヘッドマークを付けていた。

昭和4年(1929)

上桂、松尾大社周辺

現在は、京都近郊の住宅地となっている阪急嵐山線(当時は京阪電鉄)の沿線だが、この当時は耕作地が広がる場所だった。この路線の中間駅としては上桂、松尾大社の2駅が存在するが、後者は「松尾神社」という駅名だった。この線の西側を走る道路は、京都府道29号宇多野嵐山山田線であり、物集女(もずめ)街道と重なる部分もある。一方、松尾大社駅の西側から松尾橋を渡り、東に延びる道路は京都市道186号嵐山祇園線で、市内中心部では「四条通り」と呼ばれている。この付近では、桂川が南から東方向に流れる向きを変えている。

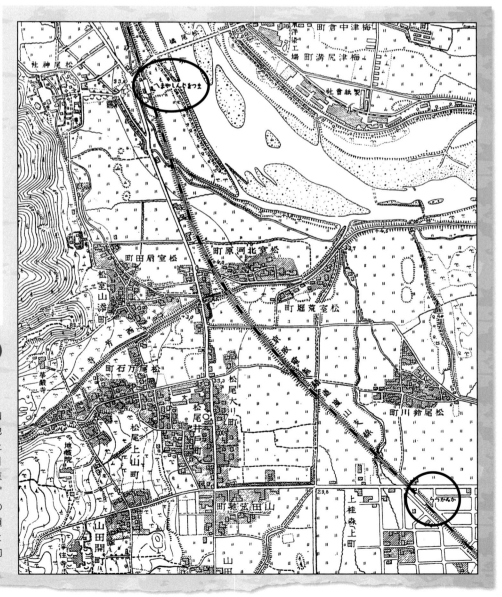

嵐山

あらしやま

嵐山：開業年▶昭和3(1928)年11月9日　所在地▶京都市西京区嵐山東一川町7　ホーム▶3面2線(地上駅)　乗降人数▶7,803人　キロ程▶4.1km(桂起点)

嵐山線の終着駅として、昭和3年に開業。当時は6面5線のホーム存在
桂川に架かる渡月橋を渡り、山陰本線の嵯峨嵐山駅、京福の嵐山駅連絡

　大勢の人で賑う観光地、桜や紅葉の名所として有名な嵐山、嵯峨野の玄関口のひとつが、阪急嵐山線の終着駅、嵐山駅である。駅の開業は新京阪鉄道時代の昭和3(1928)年11月9日で、京都線の京都西院駅までの延伸(同1日)から8日後に嵐山線、嵐山駅が誕生した。現在でも櫛形3面2線のホームをもつ立派な終着駅だが、開業当時は6面5線のさらに大きなターミナル駅だった。しかし、昭和19年1月に嵐山線は単線化され、駅の規模も縮小された。

　京都を代表する観光地、嵐山にはこれより先、明治時代から京都鉄道(現・JR山陰本線)、嵐山電車軌道(現・京福電鉄嵐山本線)が路線を伸ばしていた。京都鉄道の嵯峨(現・嵯峨嵐山)駅は明治30(1897)年2月、嵐山電車軌道の嵐山駅は明治43年3月に開業している。この2駅は桂川の北側に位置しており、阪急の嵐山駅は、渡月橋を挟んだ南側に於かれている。

　現在の嵐山駅の駅舎は、平成22(2010)年に改装され、観光地の玄関にふさわしい京町家をイメージしたお洒落な外観となった。また、駅前広場が整備され、駅前バスターミナルも誕生した。駅の周辺には住宅が多く、天龍寺、常寂光寺、落柿舎、大覚寺などの観光スポットは、渡月橋を渡った桂川の北側に存在している。

京都線の京側の支線となる嵐山線の終点嵐山駅。支線の終点としては立派な構造となっており、多客時は乗車と下車が分離できるような構造となっている。

平成4年(1992)

撮影：高橋　弘

千里線▶嵐山

昭和34年(1959)

京阪電気鉄道時代に登場した200系流線型電車は。当時の流行であった流線型車体で登場している。また屋根にはベンチレーターが取り付けられるパンタグラフだけが載せられたすっきりした車体が特徴であった。後の改造でベンチレーターが取り付けられた。

撮影：中西進一郎

平成3年(1991)

撮影：岩堀春夫

京都線の支線として京都側にある桂駅から分岐している嵐山線の終点である、嵐山駅に停車する2300系。2300系は京都線に登場した専用車として神戸線の2000系、宝塚線の2100系とともに「オートカー」と呼ばれて活躍した。

平成4年(1992)

撮影：高橋弘

嵐山駅を発車していく2800系元京都線特急車。嵐山線は京都線で使用された車両の最後の働きの場として活躍する路線で、この当時は元特急車であった2800系が4連で使用されていた。現在はやはり京都線の元特急車6300系が4連となって活躍している。

昭和4年（1929）
嵐山周辺

古都・京都を代表する観光地、嵐山にはこの当時、4社の鉄道線が存在した。まず、国鉄の山陰本線が東西に走り、嵯峨（現・嵯峨嵐山）駅が置かれている。また、嵐山電車軌道に起源をもつ京都電燈（現・京福）嵐山本線の嵐山駅と、そこから北に延びる愛宕山鉄道の平坦線があった。一方、京阪電鉄嵐山支線（現・阪急嵐山線）は、桂駅から桂川南岸の嵐山駅まで路線を延ばしていた。この駅からは渡月橋を渡り、天龍寺、大覚寺方面に行くことになる。現在、嵯峨嵐山駅には隣接して、嵯峨野観光鉄道のトロッコ嵯峨駅があり、SLの展示や「ジオラマ京都JAPAN」も存在する。

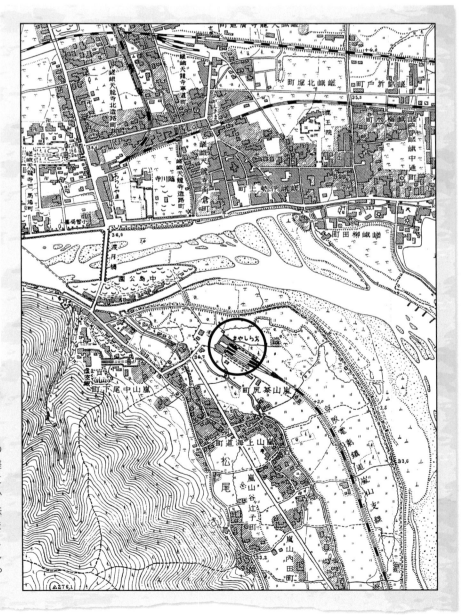

95

生田 誠（いくた まこと）

昭和32年、京都市東山区生まれ。京都市立堀川高等学校卒業。
東京大学文学部美術史学専修課程修了。産経新聞大阪本社・東京本社文化部記者などを経て、現在は地域史・
絵葉書研究家。絵葉書を中心とした収集・研究を行い、集英社、学研パブリッシング、河出書房新社、彩流
社、アルファベータブックス等から著書多数。

【写真提供】
阪急電鉄株式会社
J.WALLY HIGGINS、岩堀春夫、小川峯生、荻原二郎、亀井一男、高田隆雄、高橋 弘、武田 毅、竹中泰彦、
中西進一郎、野口昭雄、林 嶢、藤山侃司、山本雅夫、和田栄六
朝日新聞社、産経新聞社

阪急電鉄
宝塚線、箕面線、京都線、千里線、嵐山線、能勢電鉄
1950〜1980年代の記録

発行日·····················2016年8月5日　第1刷　　※定価はカバーに表示してあります。

著者······················生田 誠
発行者·····················茂山和也
発行所·····················株式会社アルファベータブックス
　　　　　　　　　　　〒102-0072　東京都千代田区飯田橋2-14-5 定谷ビル
　　　　　　　　　　　TEL. 03-3239-1850　FAX.03-3239-1851
　　　　　　　　　　　http://ab-books.hondana.jp/

編集協力·················株式会社フォト・パブリッシング
デザイン・DTP·········柏倉栄治
印刷・製本·············モリモト印刷株式会社

ISBN978-4-86598-815-4 C0026
本書は日本出版著作権協会（JPCA）が委託管理する著作物です。
複写（コピー）・複製、その他著作物の利用については、事前にJPCA（電話03-3812-9424、e-mail:info@jpca.jp.net）の許諾を
得てください。なお、無断でのコピー・スキャン・デジタル化等の複製は著作権法上での例外を除き、著作権法違反となります。